Michael Schneider

Basiswissen Barockmusik

Band 2: Die barocke Oper. Aspekte der Annäherung

Didaktische Schriftenreihe des Instituts für Historische Interpretationspraxis der Hochschule für Musik und Darstellende Kunst Frankfurt

Impressum

Printed in Germany

Satz, Gestaltung: Ursula Gaisa
Umschlag: Claudio Monteverdi: „L'Orfeo" (1607). Autograph

Druck: Druckhaus Köthen

ISBN 978-3-940768-25-4, CB 1225

Inhalt

Vorwort

Das vorliegende Büchlein enthält nur wenige inhaltliche Aussagen, die nicht bereits in ausführlicher und wissenschaftlich fundierter Form an anderer Stelle dokumentiert wären.
Es handelt sich um den Versuch, diejenigen Aspekte auf engstem Raum zu benennen, die für ein Verständnis der barocken Oper (also bis etwa zur Mitte des 18. Jahrhunderts) wesentlich sind.
Zielgruppe sind Musikstudierende (Sänger und Instrumentalisten) sowie andere Interessierte, die sich eine grundlegende Übersicht über wichtige Aspekte der barocken Oper verschaffen wollen.
Es sei festgehalten, dass für jegliche vertiefende Arbeit an den einzelnen Themengebieten andere Literatur zu Rate gezogen werden muss. Einige Abschnitte des vorliegenden Büchleins orientieren sich dabei an den empfehlenswerten Veröffentlichungen „Handbuch der musikalischen Gattungen: Die Oper im 17. Jahrhundert/Die Oper im 18. Jahrhundert“ sowie dem „Neuen Handbuch der Musikwissenschaft“ (beide Laaber-Verlag).
Der Band schließt an das in derselben Reihe erschienene Büchlein Karl Kaisers „Basiswissen Barockmusik, Bd. I: Instrumentalmusik des Barock“ an und übernimmt einige der dort praktizierten Gliederungen, so die Aufarbeitung des wie bei einem Prüfungskolloquium in Fragen und Antworten gekleideten historischen Wissensanteils.
Einige ausführlichere Werkbetrachtungen („Poppea“, „Rodelinda“, „Dido and Aeneas“, „Pimpinone“) sind von dieser Gliederung ausgenommen. In diesen Kapiteln empfiehlt es sich drin-

gend, bei der Lektüre eine Partitur der Werke und gegebenenfalls eine CD-Einspielung hinzuzuziehen.
Es konnten unmöglich alle Aspekte der barocken Oper dargestellt werden: Lücken sind unvermeidlich, da ich nur solche Werke eingehender besprochen habe, mit denen ich selbst aus der lebendigen Erfahrung als Interpret vertraut bin.
Ein weiteres Problem ist die Tatsache, dass gegenüber der Bedeutung und Verbreitung der Oper im Barock und heutiger Spielplanpraxis den Blickwinkel gravierend verzerrende Unterschiede bestehen:
Vieles, das für die Epoche höchst bedeutend war, wie die internationale Verbreitung von Hofopern des „Galanten Stils“, ist heute zum großen Teil nur aus Büchern zu erahnen und wird deswegen auch hier lediglich angerissen.
Ziel der Veröffentlichung ist eine Hinführung zur lebendigen Erfahrung des faszinierenden Genres der barocken Oper als ausführender Musiker oder als Zuhörer und/oder Zuschauer.

Michael Schneider

I Historie 1

Unser Thema ist die barocke „Oper“. Dafür ist ein historischer Überblick unverzichtbar.

Zunächst zur Frage, wie es überhaupt zu dem Phänomen Oper gekommen ist. Man sagt, die Oper sei durch ein Missverständnis entstanden. Was ist damit gemeint?

In der Tat hat sich die Oper nicht wie die Sinfonie allmählich entwickelt, sondern war eine regelrechte Erfindung: Ihre geistigen Väter hatten zunächst durchaus etwas anderes im Sinne als die Schaffung einer neuen musikalischen Gattung.
Die Entstehung der Oper hängt eng mit der dem Barock vorausgehenden Epoche, der Renaissance, zusammen. Renaissance heißt bekanntlich „Wiedergeburt“.
Wiedergeboren werden sollte die klassische Antike, was sich in allen Künsten manifestierte, eben auch im Schauspiel.
Es existierten in zahlreichen Städten Italiens seit der Wende vom 15. zum 16. Jahrhundert Zirkel kulturell gebildeter und auch finanziell wohlhabender Menschen, zumeist aus Fürsten- und Adelskreisen, die sich damit befassten, wie die überlieferten Schauspiele, etwa die Tragödien des Sophokles auf die Bühne zu bringen seien. In diesem Zusammenhang kommt dann ein wie auch immer gearteter Anteil an Musik ins Spiel.

Gab es Versuche, solche antiken Tragödien wieder mit Musik auf die Bühne zu bringen? Wir wissen ja von der Musik der Antike nicht, wie sie geklungen hat, wir kennen nur Abbildungen von Instrumenten und wir wissen, dass in irgendeiner Form auch gesungen wurde, zumindest in den für das griechische Schauspiel so wichtigen Chören sowie in Zwischenmusiken?

Ja, es gab durchaus schon im 16. Jahrhundert solche Experimente. Über eines sind wir recht gut unterrichtet: Wer heute nach Vicenza in Oberitalien kommt, kann noch das nach antiken Vorbildern von dem berühmten Architekten Palladio gebaute Teatro Olimpico bewundern. Dieses wurde eigens gebaut für die Aufführung von Sophokles' Tragödie „König Ödipus" im Jahre 1585. Die von Andrea Gabrieli, dem Markuskapellmeister in Venedig, dafür komponierten Chorsätze sind erhalten.

Unterscheiden sich denn diese Chöre von anderen Chorkompositionen Gabrielis und seiner Zeitgenossen?

Ja! Sie zeigen sehr genau das Problem auf, weswegen eine Art Revolution der Musiksprache bevorstand, wollte man den Weg des Theaters mit Musik weitergehen:
Typisch für die Musik der Renaissance-Epoche war die kunstvolle Polyphonie. Hierin waren die Komponisten bestrebt, ihre Meisterschaft zu zeigen. Genau diese Kunstfertigkeit war aber für die neuen Aufgaben überhaupt nicht geeignet, denn unter der Polyphonie leidet die in diesem Falle für das Theatergeschehen so wichtige Textverständlichkeit.

Kann man diese Aufführung schon als Oper bezeichnen?

Nein, denn es fehlt ihr das Besondere der Oper, nämlich der vollständig in Musik gesetzte Dialog der Schauspieler. Schauspiel mit Musikeinlagen wie Liedern, Chören oder Tänzen hatte es schon immer und überall gegeben, aber eben nicht in der Weise, dass die Menschen miteinander auf der Bühne ausschließlich in musikalischem Gewand kommunizieren und ihre Rede dadurch in Ausdruck und Intensität einen völlig anderen Charakter gewinnt, als wenn gesprochen würde.

Wie konnte sich so eine Idee durchsetzen, denn es ist doch recht widersinnig, dass sich Menschen singend statt sprechend unterhalten?

Das ist es sicher! Es widersprach auch dem Gesetz der „verosimilianza", der Wahrscheinlichkeit des Geschehens auf der Bühne. Wenn es dennoch zur Erfindung der Oper gekommen ist, hat dies mit verschiedenen Entwicklungen und Umständen zu tun. Zum einen gab es die bei manchen Gelehrten verbreitete Ansicht, dass in der antiken Dramenwelt die Dialoge wirklich in Form eines Sprechgesangs vorgetragen wurden, der entweder gänzlich unbegleitet oder nur von einer Kithara unterstützt war. Zum anderen müssen wir noch kurz auf die drei Theatergattungen der Antike zu sprechen kommen: die Tragödie, die Komödie und das Satyrspiel bzw. die Pastorale. Vor allem mit letzterer Gattung wird Musik assoziiert. In der utopischen vorzivilisatorischen Welt Arkadiens, wie sie der der römische Dichter Vergil in seinen „Bucolica" beschreibt, konnte man bis weit ins 18. Jahrhundert hinein immer wieder den Fantasien einer friedlichen Welt unter Schäfern und in verzauberter Idylle huldigen.

Die Geschichten spielten in der freien Natur, nicht in Palästen etc.
Unzählige Opern, aber auch Kantaten sind dieser Welt verpflichtet. Hier konnte am ehesten die Idee entstehen, dass Sprache und Musik verschmelzen. Ohne die Idee der Pastorale wäre die Oper sicher nicht überlebensfähig gewesen.
Im weiteren Verlauf der Operngeschichte zählen die Darstellung des Übernatürlichen, des Zauberhaften, des „meraviglioso" oder „merveilleux" immer wieder zu den Hauptingredienzen einer Oper.

Im Zusammenhang mit der Geburt der Oper taucht immer wieder der Graf Bardi auf und seine Florentiner Camerata. Was hat es damit auf sich?

In der Tat war die Camerata einer der „Clubs", in denen die Fragen nach der Belebung des antiken griechischen Theaters heftig diskutiert wurde und in dem die Vorstellung, die alten Griechen hätten nicht deklamiert, sondern in irgendeiner Form beim Vortrag ihrer Epen und Schauspiele auch gesungen, entwickelt wurde. Als Musiker zählte zur Camerata Vincenzo Galilei, der wichtige Grundlagen für die Entwicklung der Opernidee formulierte.
Es gab auch noch einen weiteren Gönner, in dessen Haus sich Gelehrte und Musiker zu einer Art „zweiter Camerata" einfanden, einen Grafen Corsi, der vielleicht noch größeren Einfluss auf die „Erfindung" der Oper hatte, weil es in seinem Zirkel weniger um das antike Theater als vielmehr um die Entwicklung eines neuen musikalischen Stils ging. Dass die ersten Opern nur

noch bedingt mit der ursprünglichen Idee vom antiken Theater zu tun hatten, wussten ihre Schöpfer offenbar selbst sehr genau.

Welches waren jetzt die ersten richtigen Opern?

Bezeichnenderweise ist es genau das Jahr 1600, in dem nach heutiger Idee die ersten drei Opern aufgeführt wurden.
Es handelte sich dabei um Emilio de' Cavalieris „Rappresentazione di anima e di corpo", in Rom aufgeführt (Cavalieri hatte vorher am Hofe der Medici in Florenz gewirkt, entstammte also dem geistigen Umkreis der Cameratas). Die Rappresentazione ist ein geistliches Werk.
Die anderen beiden Opernaufführungen des Jahres, beide in Florenz, waren die beiden Vertonungen der „L'Euridice favola drammatica" von Ottavio Rinuccini durch Jacopo Peri und Giulio Caccini, also Stücke, die den Orpheus-Mythos zum Thema hatten.
Die Autoren waren sich der Bedeutung ihrer neuartigen Gattung durchaus bewusst. Caccini hatte mit einem gewissen Stolz seine Partitur sogar schon vor der ersten Aufführung im Druck herausgegeben.
Die Aufführung von Peris „Euridice" im Palazzo Pitti war insofern auch ein großes politisches Ereignis, als sie zur Hochzeit von Maria dei Medici mit Heinrich IV. von Frankreich zu Ehren der neuen Königin Frankreichs aufgeführt wurde.

Worin liegen die Besonderheiten des neuen Komponierstils, des so genannten „monodischen" Gesangs?

Die Entwicklung dieser neuartigen Schreibweise fällt nicht durch Zufall zusammen mit dem Beginn der sogenannten Generalbasspraxis, beziehungsweise der sogenannten barocken Epoche der Musikgeschichte.
Wie so oft bei Stilwandlungen findet zunächst eine gewaltige Primitivisierung der bisher geübten Praxis statt, die dem Neuen ungestört Platz schafft.
Polyphones Denken und die Idee eines Tenors, um den sich in kontrapunktischer Weise andere Stimmen zentrieren, waren bestimmend für die Kunstfertigkeit eines Komponisten des 15. und 16. Jahrhunderts.
Beides wird aufgegeben zugunsten eines nur zweistimmig auskomponierten Satzes (einer Ober- und einer Bassstimme) sowie den harmonischen und melodischen Spannungen zwischen diesen beiden Polen.

Die Oberstimme erhält dadurch eine fast völlig ungehinderte Freiheit des Ausdrucks, während die Bassstimme harmonische und metrische Unterstützung sowie Gliederung liefert.
Diese sogenannte „Monodie“ ist die Voraussetzung für das in den frühen Opern erstmals praktizierte „recitar cantando“, das Sprechen in Musik. Durch diese Art der Komposition von Sprache war auch ein subjektiver Ausdruck der Protagonisten möglich geworden, der mit keiner anderen Stimme des musikalischen Satzes in Konflikt treten konnte.
Der Bass und die Aussetzung der Harmonien durch Cembalo oder Lauteninstrumente sind diesem Ausdruck untergeordnet und dienen ausschließlich seiner Unterstützung.

Und in dieser extremen Form, bei der die Musik wirklich nur die Dienerin des Texts und seines Vortrags ist und kaum Eigengesetzlichkeit beanspruchen kann, hat sich der Stil aber nicht halten können?

Genau! Die dogmatischen Vertreter der Wiederbelebung der griechischen Tragödie hatten zwei Faktoren unterschätzt: einmal die „Macht der Musik", obwohl gerade davon in den zahlreichen Orpheus-Opern der Anfangszeit die Rede war – Orpheus war schließlich Sänger und seine Kräfte lagen in seinen musikalischen Fähigkeiten – und die Fantasie, künstlerische Freiheit und gestalterische Kraft eines so genialen Komponisten wie Claudio Monteverdi.

Der ja ebenfalls einen „Orfeo" auf die Bühne brachte, im Jahre 1607 in Mantua...

Der Fürst Vincenzo Gonzaga aus Mantua war bei der großen Hochzeitsfeier 1600 in Florenz, anlässlich derer Peris „Euridice" gegeben wurde, anwesend – und offenbar von der neuen Musik so fasziniert, dass er seinem Hofkomponisten Monteverdi den Auftrag für dieses Werk gab – übrigens für eine Aufführung im höfischen Rahmen vor ausgesuchten Gästen, völlig ohne politischen Anlass wie eine Fürstenhochzeit oder ein sonstiges Fest.

Worin bestanden denn jetzt die Besonderheiten von Monteverdis Komposition, die ihr nicht nur in seiner Zeit großen Erfolg, sondern bekanntlich ein Leben noch in unseren heutigen Opernhäusern bescherten, ganz im Gegensatz zu den Kompositionen Peris und Caccinis?

Gleich im Prolog der Oper tritt die personifizierte „Musica“ auf und verkündet eine Geschichte, die von ihr selbst und ihren Zauberkräften handelt.
Monteverdi setzt all seine Kunst ein und schafft eine Synthese aller musikalischen Darstellungsmöglichkeiten seiner Zeit.
Die „Musik“ selber hat im „Orfeo“ die Oberhand über theoretische Erörterungen und praktische Experimente zur Wiederbelebung des antiken Theaters gewonnen.
Aspekte, an denen sich dies festmachen lässt, sind etwa:
· formale Disposition mit „offenen“ (rezitativischen) und „geschlossenen“ (arienähnlichen Abschnitten oder sonstigen „Musiknummern“),
· Einsatz aller musikalischen Formen seiner Zeit,
· „prima pratica “ (madrigalistische Sätze, Chöre),
· „seconda pratica“ (rezitativische Teile),
· Einsatz vokaler Virtuosität und Verzierungskunst,
· eigenständige instrumentale Anteile: Ritornelle , „Sinfonien“, Tänze,
· Ineinanderwirken instrumentaler und vokaler Abschnitte,
· formale Balance und Ausgewogenheit.

Aber es gab doch auch heftige Kritik an Monteverdis Kompositionsstil!

Der Theoretiker Giovanni Artusi warf Monteverdi Regelverstöße bezüglich Stimmführung und Dissonanzbehandlung vor, wobei er sich auf seine Madrigalkompositionen, die im Stil der „prima pratica“ komponiert waren, bezog.

Der Grundsatz „che l'oratione sia padrona dell'armonia e non serva" („dass der Text die Herrin und nicht die Sklavin der Harmonie sein müsse") bedeutete für Monteverdi, dass seine kompositorischen Mittel im Sinne einer Steigerung des Textausdrucks oft erheblich weiter gehen, als dies die hergebrachte Musiktheorie zuließ.
Die „seconda pratica" konnte sich für Monteverdi in seinen Madrigal- und Opernkompositionen mit der konservativen „prima pratica" aber durchaus verbinden.

Wenn Sie den inhaltlichen und musikalischen Höhepunkt des „Orfeo" benennen sollten, wäre dies...

... mit Sicherheit der Strophengesang „Possente spirto" des dritten Akts, bei dem Orpheus seine gesamte Kunstfertigkeit einsetzt, um den Fährmann Charon, der ihm den Eintritt in die Unterwelt versagen will, durch seine sängerische Kunst zu überwältigen.
Bemerkenswert ist etwa, dass Monteverdi die Gesangspartie in zwei Versionen notiert, einmal mit halsbrecherischen Ornamenten für den virtuosen Sänger der Uraufführung, Francesco Rasi, und einmal ganz schlicht. Seine Forderung lautet, eine der beiden Versionen zu singen, nicht aber eine selber verzierte.

Monteverdis zweite Oper „L'Arianna" ist leider verschollen. Dennoch gibt es ein Stück daraus, das man im Zusammenhang mit der Geschichte der Oper unbedingt nennen sollte...

Natürlich das berühmte „Lamento d'Arianna", „Lasciatemi morire", das zum Urbild aller Klagegesänge der Opern des 17. Jahrhunderts werden sollte.

Die von Theseus auf der Insel Naxos einsam zurückgelassene Ariadne durchlebt in diesem mehrteiligen Stück ein Psychogramm aller möglichen Affekte: Liebe, Enttäuschung, Trauer, Wut, Selbstmitleid, Hass, Schadenfreude, Ironie.
Monteverdi versteht es, im Rahmen einer monodischen Komposition all diese Affekte glaubhaft werden zu lassen. Wie sehr „prima" und „seconda pratica" für ihn ineinander wirken, beweist, dass er selbst später dieses „Lamento" zu einem fünfstimmigen Madrigal weiter komponiert hat.

Könnten Sie beschreiben, mit welchen Mitteln Monteverdi solch einen Sprechgesang gestaltet und worin die Besonderheit seines Stils liegt?

Monteverdi war ein Menschenbeobachter! Wie das Leben zeigt, reden Menschen selten in völlig ausgeglichenem, mittlerem Gemütszustand wie ein Nachrichtensprecher.
Wer traurig, wütend, heiter oder überbordend glücklich ist, dessen Tonlage, Sprechtempo und Auswahl der Worte nehmen ganz verschiedene Ausprägungen an: Ein trauriger Mensch spricht stockend und langsam und kann nur mit Mühe die Silben bilden, ein jauchzender überschlägt sich förmlich in seinem Tempo. Ein anderer wichtiger Faktor, wie sich Sprache verändert, ist, wer mit wem, in welcher Situation und welchem sozialen Status spricht. Wir kennen unzählige Modifikationen einer „neutralen" mittleren Sprachhaltung als Folge emotionaler und anderer Einflüsse.
In einem Land wie Italien, das berühmt ist für seine die Sprache begleitenden Gesten, ist es kein großer Schritt, diese Veränderungen der Sprache auch durch Intervalle und musikalische Bilder und Gesten zu unterstützen. Monteverdis Opern sind

voll von solchen „Bildern", in denen wie in einem Comic in gedrängtester Form wenige, aber äußerst prägnante Informationen über den Vortrag enthalten sind.

Können Sie ein paar konkrete Beispiele für diese Art von Affektausdruck nennen?

Zunächst aus dem genannten „Lamento" der Arianna:
In den Momenten, in denen Arianna sich anklagend und voller Ironie gegen Theseus wendet und ihn fragt, ob dieses jetzt „die versprochene Krone, Szepter, das Gold und der Schmuck" seien, die er ihr versprochen hatte – oder wenn sie ihn verflucht und ihm wünscht, dass „das Meer und die Walfische" ihn verschlucken mögen, geschieht dies nicht nur in einer „keifend" hohen Lage mit repetiert hervorgestoßenen Silben, sondern auch in einer kaum noch steigerbaren, sich förmlich überschlagenden Sprechgeschwindigkeit, die zum klagenden Grundtenor der Komposition in scharfem Kontrast steht.
Außerdem lassen sich zwei Beispiele anführen aus Monteverdis Oper „Die Krönung der Poppea", beide aus dem letzten Akt der Oper:
· der Abschied der verbannten Kaiserin Ottavia aus Rom mit ihrem gestammelten „A-A-A-ddio Roma", als Beispiel für einen extrem traurigen Affekt,
· und die benachbarte Szene, der Monolog der Arnalta, Poppeas Amme, in dem sie zu Beginn plappernd und völlig zusammenhanglos ihrem Jubel Ausdruck verleiht, dass ihre Herrin jetzt Kaiserin geworden ist, was auch ihr sozialen Aufstieg zu garantieren scheint.

Jetzt sind wir aber eigentlich zeitlich schon recht weit fortgeschritten, denn die „Poppea" von 1642 ist ja, im Gegensatz zum „Orfeo", ein Spätwerk des Komponisten. Was hat es damit auf sich?

Um die „Poppea" ranken sich viele Theorien, etwa die, dass große Teile der Oper vor allem aus dem letzten Akt gar nicht von Monteverdi selbst stammen, sondern von Komponisten aus seiner Werkstatt wie Francesco Cavalli oder Benedetto Ferrari. Aber Faktum ist, dass diese Oper etwas völlig Neues in die Geschichte des Genres bringt:
Es handelt sich nicht um eine Hofoper, nicht um Huldigung gekrönter Herrschaften, sondern um ein in Musik gesetztes Schauspiel des genialen Dichters Francesco Busenello, in dem sich jeder, auch der einfache Mensch auf der Straße wiederfinden konnte.
Man könnte die Hauptaussage des Stücks reduzieren auf den Satz „Jeder hat Dreck am Stecken". In der „Poppea" wird beißende Gesellschaftskritik geübt, dies vor allem aus dem Munde sogenannter „komischer Figuren", auf italienisch „Buffofiguren" wie Dienern, Ammen oder Soldaten.
Der Götterhimmel tritt zwar auch in Erscheinung, aber in äußerst menschlicher Form. Bereits im Prolog beschimpfen sich die Göttinnen der Tugend und des Schicksals, „Virtù" und „Fortuna" auf sehr unfeine Weise, wobei sie darüber streiten, wer von ihnen die wichtigere Göttin sei.
Der aus dem Chaos geborene Gott „Amor" ist aber der eigentliche Held der Oper. Seinen willkürlichen Launen muss die Welt gehorchen, auch wenn es dabei zahlreiche Verlierer und auch Tote gibt und das Ende alles andere als „gerecht" erscheint.

Die „Poppea" ist in Zusammenhang zu sehen mit der Eröffnung des ersten öffentlichen Opernhauses 1637 in Venedig. Oper war jetzt nicht mehr nur höfisch-aristokratische Repräsentation, sondern auch ein Ereignis für das Volk. Ohne diese Entwicklung wäre die Gattung vielleicht doch bereits im 17. Jahrhundert wieder gestorben.

Da es ab jetzt aber auch um Rentabilität und geschäftlichen Erfolg des Unternehmens „Oper" ging, hatte dies starke Auswirkungen auch auf die Werke selbst, wie wir an der „Poppea" sehen konnten. Vor allem die Besetzungen wurden sparsamer, ebenso die Bühnenausstattungen.

1642 wurde die Oper in einem venezianischen öffentlichen Theater zum ersten Mal aufgeführt und dann von wandernden Operntruppen auch auf dem Land gespielt.

Die verschiedenen Versionen der erhaltenen Quellen lassen sich somit erklären durch die Praxis, nur noch die „Essenz" eines Werks definitiv zu notieren (das heißt in den Instrumentalstücken nur den Bass) und die Ausgestaltung jeweils lokalen Möglichkeiten und Erfordernissen anzupassen, wobei vor Ort tätige Musiker (mehr oder weniger gekonnt) noch Einiges aus- und hinzukomponierten.

II Praktisches: Der Generalbass

Bevor wir unseren historischen Überblick weiterführen, nun zu einigen Fragen, die uns als praktische Musiker brennend interessieren.

Wir sprachen davon, dass die Geburt der Oper mit dem Beginn der Generalbasspraxis zusammenfällt. Wie ist überhaupt der Generalbass oder Basso continuo entstanden?

Generalbass bedeutet, dass der Komponist von mehreren Stimmen nur die unterste, nämlich den Bass, notiert und die darüber liegenden Akkordtöne (meistens) durch Ziffern andeutet.
Dies war zunächst einmal eine praktische Hilfe für den Spieler eines Akkordinstruments bei der Colla-parte-Begleitung von Sängern gewesen. Die Orgel-, Cembalo- oder Lautenspieler hatten zumeist keine Partitur vor sich und konnten so mit Hilfe dieser „Kurzschrift“ dennoch die richtigen harmonischen Fortschreitungen spielen. Dass die ersten gedruckten Generalbässe, etwa in Caccinis „Le nuove musiche“ nicht nur die aus dem Hochbarock gewohnten Ziffern, also zum Beispiel 3, 4, 6 etc. verwandten, sondern auch 9, 11 und so weiter, beweist, dass nicht nur die Harmonie selbst, sondern auch deren genaue Lage in einem mehrstimmigen Geschehen angezeigt werden sollte.
Die genaue Bezeichnung der Generalbassstimmen mit Ziffern war aber gerade in Italien eher die Ausnahme. Die zeitgenössischen Musiker kannten die „Patterns“ ihrer Musik offenbar so

genau, dass sie auf eine genaue Bezifferung zumeist verzichten konnten.

Die Spieler müssen also aus den wenigen Informationen, die eine notierte Generalbassstimme aufweist, selbstständig nicht nur die richtigen Harmonien entnehmen, sondern auch die Art und Weise der Ausführung auf ihrem jeweiligen Instrument selbst bestimmen. Solche Entscheidungen betreffen etwa die Spielweise eines Akkords in simultaner oder in arpeggierter Ausführung sowie die Frage, ob nur die puren Harmonien gespielt werden sollen oder auch innerhalb dieser Harmonien improvisierte Gänge mit Tonleitern und auch harmoniefremden Noten gespielt werden.

Man nennt die spezifische Ausführung auch „Realisation“ einer Generalbassstimme.

Haben wir denn aus der Frühzeit des Generalbasses Quellen, die uns Anweisungen geben?

Im Prinzip ja. Die berühmteste ist Agostino Agazzaris „Del sonare sopra il basso“ von 1607 und weitere Traktate von Ludovico Viadana (1602) und Francesco Bianciardi (1607).

Diese Traktate geben aber nicht auf alle unsere Fragen Auskunft. Vor allem ist man nicht ganz sicher, für welche Musik und welchen stilistischen Zeitraum genau die Anweisungen gelten: Gelten sie für größer besetzte Werke oder auch für die gerade in den Opern vorherrschenden, nur zweistimmig notierten monodischen Sätze?

Und gibt es konkret für solche Monodien keine Angaben?

Leider nur sehr, sehr wenige! In einem Traktat des Schütz-Schülers Christoph Bernhard zum Beispiel werden monodische Sätze am Rande erwähnt.
Eine Hauptfrage für den heutigen Praktiker im Falle Monteverdis ist, wie er mit den zum Teil heftigen Dissonanzen umgehen soll: Versucht er sie harmonisch zu „erklären" durch teilweise raffinierte Vorhaltsharmonisierungen oder belässt er es bei heftigen harmonischen Zusammenstößen, bei denen oft in einen konsonanten Akkord eine dissonante Note hineinragt, die nicht nach den strengen Regeln des Kontrapunkts eingeführt wurde?

Welche Instrumente wurden für die Ausführung des Basso continuo benutzt?

Hier gibt es mehrere Quellen, aus denen wir Angaben ersehen können: einmal wieder Agazzari, der zwischen zwei grundsätzlich verschiedenen Typen unterscheidet, den so genannten „Fundamentinstrumenten" und den „Ornamentinstrumenten", wobei den letzteren eine größere Freiheit in der Hinzufügung von Passagen zugestanden wird.
Nehmen wir die Bedeutung der Anweisungen Agazzaris auch für die frühen Opern als gegeben, hieße dies, dass fast alle gängigen Instrumente der Zeit (mit Ausnahme der Blasinstrumente) in unterschiedlicher Funktion an der Realisation des Basses beteiligt waren.
Ein hoher musikalischer Ausbildungsstand und die Kenntnis der kontrapunktischen Regeln wird bei den Spielern vorausgesetzt.

In Monteverdis gedruckter „Orfeo"-Partitur gibt es ebenfalls genaue Angaben, auch dazu, an welchen Stellen welche Instrumente gespielt haben.
Im Prinzip waren dies Cembali und Orgeln, aber vor allem verschiedene Typen von Zupfinstrumenten aus der Lautenfamilie, jedoch auch Streichinstrumente wie verschiedene Arten von Violen.

Und wenn wir keine Besetzungsangaben haben, wie entscheiden wir dann, wann wer was spielt?

Hier sind wir weit davon entfernt, genaue Anweisungen aus den Quellen zu haben!
Eine der drängendsten Fragen, die man heute noch nicht sicher beantworten kann, ist, ob und in welcher Weise zum Beispiel auch während langer monodischer Abschnitte nicht nur von den Generalbassinstrumenten, sondern auch von den Streichern eine eventuell improvisierte Begleitung der Singstimmen stattfand (Agazzaris Traktat legt dies durchaus nahe!).
Dies hieße für uns heute in den meisten Fällen, dass wir diese fehlenden Stimmen nachkomponieren müssten, da sie sich nicht erhalten haben.
Es gibt einige Beispiele bei Monteverdi, in denen er kunstvolle Aussetzungen des Generalbasses niederschreibt, etwa im Madrigal „Con che soavità" aus dem 7. Madrigalbuch, in dem er insgesamt drei verschieden besetzte „Instrumentalchöre" einsetzt, die entweder wechselweise oder gleichzeitig den monodischen Verlauf der Gesangsstimme begleiten.
In anderen Werken Monteverdis, etwa im „Combattimento" aus dem 8. Madrigalbuch gibt es auch schon so etwas wie ein Accompagnato-Rezitativ mit ausgehaltenen Streicherakkorden.

Inwieweit diese beiden Beispiele eine allgemein geübte Praxis aufzeigen oder nur einzelne experimentelle Konzeptionen für ganz besondere Stücke, lässt sich heute nicht eindeutig beantworten.
Kriterien für die Entscheidung über den Einsatz von Continuoinstrumenten könnten entweder sein, bestimmten Personen bestimmte Instrumente zuzuordnen, oder aber unterschiedliche Affekte durch verschiedene Besetzungen zu unterstreichen (möglicherweise auch beides!).

Anhand der genannten Oper „L'Incoronazione di Poppea" lassen sich einige dieser Fragen ganz konkret behandeln.

Wir haben es hier nicht, wie noch bei der „Orfeo"-Partitur, mit einem bunt besetzten und in der Instrumentation genau benannten Hoforchester zu tun.
Von einer Partitur im heutigen Sinne kann man gerade bei den Quellen zur „Poppea" überhaupt nicht sprechen. Aus den Noten geht nämlich nur in den seltensten Fällen hervor, wer was wann und wie in klingende musikalische Aktion umsetzen soll.
Es existiert außer der Handvoll an extrem kurzen Ritornelli und Sinfonien schlichtweg gar kein „Text", den man einfach „aufführen" könnte, indem man Noten an die Musiker austeilt und zu musizieren anfängt, und eben auch keinen irgendwie anders gearteten „Urtext", aus dem man den Willen des Komponisten erkennen könnte.
Die Gesangslinie macht dabei die geringsten Probleme: Sie ist in der Regel eindeutig notiert. Die rhythmische Ausformung in Verbindung mit Aussprache und Bedeutung des Texts ergibt eine erstaunlich präzise Niederschrift.

Mit Ausnahme von einigen Duetten und Ensemblenummern bestehen die Quellen zumeist nur aus dieser einen Gesangsstimme und einigen Bassnoten.
Die Fragen und Antworten, was diese Bassnoten für die erklingende Musik bedeuten können, bereiten uns in der Erarbeitung einer Aufführung eher mehr Mühe als die Gestaltung der Gesangspartien, auch wenn der instrumentale Anteil, gemessen an den vokalen Aufgaben des Gesamtwerks, nur von untergeordneter Bedeutung ist!
Es sind uns zwei (nicht autographe) Quellen überliefert, die sogenannte venezianische und die neapolitanische. In den rein instrumentalen Abschnitten (Sinfonien und Ritornelli) beider Handschriften finden sich zumeist dieselben Bassstimmen, aber völlig verschiedene Oberstimmen, die im Falle der neapolitanischen Handschrift so fehlerhaft sind, dass sie unmöglich von einem guten Komponisten, geschweige denn von Monteverdi sein können.
Wer soll die Bassnoten ausführen – und wie? Der Fragezeichen sind viele! Weder sind die Längen der im Einzelnen zu spielenden Noten ersichtlich, noch deren Instrumentierung oder die genaue Harmonisierung.
Die geschriebenen Bassnoten selbst sagen nämlich nicht viel mehr aus, als dass für deren notierte Dauer die jeweilige Tonhöhe als tiefste Note einer wie auch immer „realisierten" Harmonie gültig ist.
Da es, wie schon gesagt, für italienische Musik dieser Zeit üblich war, meist nur verschwindend wenige Generalbassziffern niederzuschreiben, heißt dies: Häufig sind verschiedene Deutungen der Harmonie möglich – zum Beispiel als Grund- oder Sextakkord über derselben Bassnote.

Wie oft ein Akkord angeschlagen, von welchen Instrumenten gespielt, in welcher Dynamik, ausgehalten oder arpeggiert wird: Darüber verrät der Notentext nichts.

Aber warum sind die erhaltenen Quellen nicht als Spielpartituren zu betrachten? Wie man mit der Realisation des Generalbasses umgeht, darüber haben wir doch aus den Traktaten eine gewisse Vorstellung!

Da diese Quellen nicht als Verlaufspartituren, sondern wohl als Vorlage für die Kopisten zum Herausschreiben der Sängerpartien dienten, sind hierin auch kleinste Abschnitte, die einer bestimmten Partie in einer der zahlreichen Dialogszenen zuzuordnen sind, klar abgetrennt – mit jeweils neuen Anfangs- und Endnoten des Basses.
In der Praxis einer Aufführung heißt das aber, dass sich diese Bassnoten in einer unendlich hohen Zahl von Fällen überlappen sollen. Dies erfordert der dramatische Fluss, wird aber auch dadurch nahegelegt, dass Endnoten des einen Abschnitts und Anfangsnoten des nächsten Abschnitts in sehr vielen Fällen identisch sind.

Wie soll man heute verfahren, da doch die Quellen keine eindeutigen Antworten geben und auch die Musikwissenschaft keine klaren Erkenntnisse bezüglich des Einsatzes der Instrumente bei einem Werk wie der „Poppea" bereitstellen kann? Soll man den instrumentalen Anteil der Sängerbegleitung auf ein Cembalo beschränken, zu denen dann für die Ritornelle zwei Violinen hinzutreten wie in der venezianischen Quelle?

Zweifellos wäre das Werk mit entsprechend gestalterisch spannend agierenden Sängerinnen und Sängern vollständig aufführbar – vielleicht für eine Studioproduktion.
Kein heutiges Opernhaus könnte jedoch heute eine solche Version eines ohne Kürzungen vier Stunden dauernden Werks auf den Spielplan setzen.
Als musikalischer Leiter kommt man also nicht um die Erstellung einer eigenen musikalischen Einrichtung herum, die erheblich mehr umfasst als nur die Einteilung der Continuobesetzungen und die Festlegung von Harmonisierungen.

Vor allem zwei große Fragen sind demnach zu beantworten:
Inwieweit spielen gestrichene Instrumente wie Gambe oder Violoncello die Basslinie mit, eventuell auch im 16 Fuß? (Wir kennen diese Praxis in quellenmäßig belegter Form erst ab ca. 1675 und im 18. Jahrhundert.) Wenn man sich dafür entscheidet, muss man den Einsatz der jeweiligen Instrumente genau bestimmen.
Da die „Poppea" zum großen Teil aus Dialogszenen besteht, bedeutet dies für den Fall einer Zuordnung bestimmter Instrumente zu einzelnen Personen ein permanentes Hin- und Her der Besetzungen, oft nur für einzelne Noten.
„Fehlen" möglicherweise begleitende oder konzertierende Stimmen für die Melodieinstrumente (eventuell auch Bläser) außerhalb der Ritornelle, Sinfonien oder Tänze, die entweder improvisiert worden waren oder deren Stimmen verschollen sind?
Wenn man diese Frage bejaht, muss man selbst „komponieren", entweder möglichst nahe an Vorbildern von Monteverdi orientiert, oder aber in bewusster, neuzeitlicher Verfremdung.

Welche Lösungen kennen wir überhaupt? Es gibt doch zahlreiche Schallplattenproduktionen!

Das Spektrum der Aufführungstraditionen im 20. und 21. Jahrhundert weist eine extreme Spannweite auf. Zwischen Aufführungen, die möglichst nahe an der „reinen" Lehre bleiben (John Eliot Gardiner) über Zwischenlösungen (Nikolaus Harnoncourt, René Jacobs), einer kompletten Neufassung von Bruno Maderna bis hin zu einer Version, die sich Herbert von Karajan für die Wiener Festwochen 1963 hatte komponieren lassen: eine Oper im Wagnerschen Stil mit großem sinfonischem Orchester unter freier Verwendung von Themen Monteverdis.
Wer als Praktiker also den Auftrag annimmt, Monteverdis „Poppea" aufzuführen, sieht sich mit Fragen und Aufgaben konfrontiert, deren Beantwortung und Lösung er in jedem Falle selbst unternehmen muss und die ihm auch kein Vorgänger wirklich abnehmen kann.
Dazu muss man wissen, dass auch in historischem Stil „auskomponierte" Versionen wie zum Beispiel die von Nikolaus Harnoncourt oder René Jacobs als private künstlerische Angelegenheit der jeweiligen Persönlichkeiten zu betrachten sind und anderen Musikern nicht als Aufführungsmaterial zur Verfügung stehen.

III Historie 2

Wie ging es ab der Mitte des 17. Jahrhunderts weiter mit der Oper in Italien?

Da ist vor allem Francesco Cavalli zu nennen, der dem direkten Umkreis von Claudio Monteverdi entstammte. In seinen zahlreichen Opern schuf er vor allem eine Reihe von wiedererkennbaren, quasi klassischen Szenentypen.
Auch die üblichen „komischen“ Anteile aus der Gesellschaftsschicht der Diener und Ammen gehören hierzu. Die Ammen, also von der Idee her alte, hässliche, aber lebenserfahrene Frauen wie wir sie aus der „Poppea“ mit Arnalta und Nutrice kennen, waren klassische Travestierollen und wurden von Männern gespielt.
Eine besonders beliebte (und ja auch in der „Poppea“ enthaltene) Szenensituation beschreibt das Einschlafen einer Person (zum Beispiel zu einem Wiegenlied oder einer Naturschilderung) und einen (dann vereitelten) Mordversuch mit anschließender Verwechslung der Täter. Noch aus den Opern Händels kennen wir diese Szenen.
Fast keine Oper kam ohne Verwechslungen, Verkleidung, Wiederkennungen anhand von Muttermalen etc. aus.
In Cavallis „Il Giasone“ finden wir auch zum ersten Mal eine Geis-terbeschwörung der Medea, die die Furien der Unterwelt anruft, um Giasone bei seinem Kampf um das Goldene Vlies zu helfen. Fortan gab es in ganz Europa kaum noch eine Oper, die nicht eine solche Beschwörungsszene enthielt; für die Kompo-

nisten ein idealer Anlass, mit musikalischen Mitteln Unterwelt, Geisterhaftes und Übernatürliches darzustellen.
Als „Zauberinnen", auch Zigeunerinnen und Wahrsagerinnen konnte man Frauenpersönlichkeiten in extremen Gefühlssituationen auf die Bühne bringen, die nicht dem üblichen gesellschaftlichen Verhaltenskodex unterlagen. Deshalb konnten diese auch Nichtsesshaftigkeit beziehungsweise Freiheit in der Wahl ihrer Männer praktizieren.
Noch Händel soll sich mit Figuren wie Armida (aus „Rinaldo"), Melissa (aus „Amadigi") und Alcina dieses Typs bedienen, um eine möglichst große Gefühlsskala seiner Protagonistinnen darstellen zu können.

Was ist denn mit dem alten Problem der offenen und geschlossenen musikalischen Formen? Wir haben uns damit von dem strengen Rezitativstil der frühen Jahre doch schon recht weit entfernt!

Genau! Hier entwickelt sich in der zweiten Hälfte des 18. Jahrhunderts die uns bekannte Scheidung von rezitativischen Abschnitten und Arien. Diese waren häufig Strophen- oder Refrainarien.

Und welche Komponisten traten sonst noch auf den Plan?

Nennen sollten wir zumindest auch noch Giovanni Legrenzi oder Alessandro Stradella und vor allem Alessandro Scarlatti, der durch seine Lebensdaten (1660–1725) mit einem Bein im 17. und einem im 18. Jahrhundert steht. (Um eine Vorstellung von seinem Schaffen zu erhalten: Für verschiedene Opernzentren in Italien schuf er nach eigener Berechnung allein 114 Opern!)

Scarlatti etablierte die Da-capo-Arie als Regelfall. Während seiner neapolitanischen Zeit war er unter anderem Lehrmeister von Johann Adolph Hasse, dem 1699 geborenen Deutschen, der wie Händel von den Italienern liebevoll „Caro Sassone“ genannt wurde und der auf direktem Wege dem Stil eines Wolfgang Amadeus Mozart den Weg bahnte.

Bevor wir uns der weiteren Entwicklung der Oper in Italien zuwenden, schauen wir uns nun in anderen europäischen Ländern um. Durch enge politische Verbindungen zwischen beiden Ländern ist es logisch, zunächst einmal nach Frankreich zu schauen. Wie wurde das Genre der Oper dort rezipiert?

Wie wir gehört haben, wurde Maria dei Medici, zu deren Hochzeit Peris „Euridice“ gegeben wurde, Königin von Frankreich. Sie lud viele Italiener nach Frankreich ein, darunter auch Giulio Caccini. Der einflussreiche Kardinal Mazarin, gebürtiger Italiener mit Namen Mazarini, versuchte immer wieder – eher erfolglos –, die italienische Oper auch in Paris zu etablieren.
Im Jahre 1646 ließ er dann den Komponisten Luigi Rossi direkt für Paris eine weitere „Orpheus“-Oper schreiben. Es wurde eine extrem teure und unverschämt aufwändige Produktion, die sogar für die Aufstände der Fronde gegen den Hof mit verantwortlich war. Die Vorliebe der Franzosen für Sprechtheater und Ballett wurde dadurch aber nicht gebrochen.
Ein wichtiger Moment für die Entwicklung der Oper in Frankreich wurde die Aufführung von Cavallis Oper „Ercole Amante“ anlässlich der Hochzeit Ludwigs XIV. mit der spanischen Infantin Maria Teresa im Jahr 1660.

Die Aufführung dieser Oper fand mit zahlreichen Ergänzungen der Partitur statt, die für Tanzeinlagen gedacht waren und bei denen der König selbst als Tänzer mitwirkte.
Die Musik dieser Einlagen stammten von dem jungen, ebenfalls in Italien geborenen Komponisten Giovanni Battista Lulli, der im weiteren Verlauf und nach seiner Einbürgerung als Jean-Baptiste Lully zu einem der engsten Vertrauten des „Sonnenkönigs", Ludwigs XIV. wurde und zu einem der kulturpolitisch mächtigsten Zeitgenossen des Königs aufsteigen sollte.
Lully entwickelte nach italienischen Vorbildern einen streng geregelten Komponierstil.
Er „erschuf" also förmlich den französischen Musikstil des Barock und hinterließ ein umfangreiches Œuvre an Bühnenwerken, das zum klassischen Erbe der französischen Kultur werden sollte.
Hierzu gehören die sogenannten „Comédie-ballets", die Lully zusammen mit dem berühmten Komödiendichter Molière schuf (etwa den „Bürger als Edelmann"), und zahlreiche „Tragédies en musique" auf Themen aus der klassischen Antike in Kooperation mit dem Librettisten Philippe Quinault.

Und wurde in diesen „Opern" auch, wie es sich in Italien zunehmend entwickelt hatte, in Arien „gesungen" und in frei deklamierten Rezitativen musikalisch „gesprochen"?

Nein! Zumindest nicht in der Weise wie in Italien. In sich abgeschlossene Arien gab es nicht, nur mehr oder weniger arios ausgestaltete Abschnitte. Ebensowenig gab es das freie Secco-Rezitativ. Um die Versmaße der Sprache immer mit der Musik kongruent zu halten, entwickelte Lully eine Art von rhythmisch auskomponiertem Rezitativ mit zahlreichen Taktwechseln, auch in 5er- oder 7er-Takten.

Gab es denn keine anderen Komponisten, die sich, eventuell mit anderen Konzepten, durchsetzen konnten?

So gut wie nicht! Lully herrschte als Hofkomponist über das französische Musikleben in ähnlich absolutistischer Weise wie sein König. Er verstand es, alle möglichen Konkurrenten, wie auch den höchst bedeutenden Komponisten Marc-Antoine Charpentier, zu einem stillen Wirken in der Provinz zu verdammen.
Erst Lullys tragischer Tod – 1687 stieß er sich selbst mit seinem Dirigierstab durch den Fuß und starb an einer Blutvergiftung – eröffnete anderen Zeitgenossen die Möglichkeit zur Profilierung. Neben Charpentier und seinem Opern-Meisterwerk „Médée" ist vor allem noch André Campra zu nennen, der vor allem durch „Ballettopern" wie „Les Indes Galantes" Erfolg hatte.

Eine Zwischenfrage als Exkurs: Man spricht ja auch von den „deutschen" Lullisten, also Komponisten wie Johann Sigismund Kusser, Johann Philipp Erlebach oder Johann Caspar Ferdinand Fischer. Haben die auch Opern im Stile Lullys hinterlassen?

Diese Bezeichnung bezieht sich nicht so sehr auf Opern, sondern auf Instrumentalmusik: Großen Erfolg in Deutschland hatte um 1700 die so genannte französische Ouvertürensuite, die auf der Satztechnik Lullys (5-stimmiger Satz) und auf einer Abfolge von zumeist Tänzen beruht.

Ludwig XIV. war für die vielen kleinen Fürsten auf deutschem Boden das große Vorbild – und französisch geprägte Orchestermusik galt als Ausweis exquisiter Kultur und absolutistischen Machtanspruchs, zumal es in Fragen höfischen Tanzens in ganz Europa nur französische Kompetenz gab.
Die sogenannte „Französische Suite“ als Konzertstück in der Folge verschiedener Tanzsätze hat es in dieser Form in Frankreich nicht gegeben – sie ist ein deutsches Produkt. In den Opern Lullys und später auch Rameaus erklingen die Einzelsätze an verschiedenen Stellen innerhalb des Bühnenwerks.

Aber auch für die Aufführungspraxis spielen die sogenannten „Lullisten“ doch eine wichtige Rolle!

Absolut: Lully hatte in seinem berühmten Orchester, den „24 Violons du roi“, dem nicht zuletzt durch strengen Drill wohl perfektesten Klangkörper seiner Zeit, eine streng geregelte Vortragskunst entwickelt, die etwa die Einteilung der Bogenstriche bei den Streichern, die Ausführung der Ornamente, der Tempi für die jeweiligen Tanztypen oder die Anwendung der sogenannten „Inégalité“ in der rhythmischen Ausführung bestimmter Notenwerte betrifft.
Einige viel reisende Musiker der Zeit hatten die Gelegenheit, die beiden großen stilistischen Antipoden ihrer Epoche, Arcangelo Corelli in Rom und Lully in Paris kennenzulernen und darüber zu schreiben, etwa Georg Muffat. In seinen Traktaten gibt dieser dem Vortragsstil der Lullisten einen deutlichen Vorzug vor den freieren und eher am solistischen Extempore-Stil geschulten Gepflogenheiten der Italiener.

Wenden wir uns jetzt nach England. Frankreich und England hatten ja auch vielfältige Beziehungen, leider nicht immer freundschaftliche. Aber Mary Stuart war in ihrer Jugend auch französische Königin, und Charles II. von England lebte während der republikanischen Zeit unter Cromwell im französischen Exil. Wie stand es denn mit der Oper in England im 17. Jahrhundert?

Man muss zunächst feststellen, dass England schon seit Jahrhunderten aufgrund seiner Insellage ein sehr intensives, aber höchst eigenständiges Musikleben und einen gänzlich eigenen Stilbereich entwickelt hatte, auf den nur zuweilen Einflüsse vom Kontinent einwirkten.

Von den stilistischen Entwicklungen Italiens aus gesehen, muss die englische Musik extrem konservativ und elitär gewirkt haben.

Auch die Entwicklung der Oper kam dort sehr verzögert an und fiel im 17. Jahrhundert so gut wie gar nicht auf fruchtbaren Boden. Alle Versuche, eine Oper im italienischen Stil zu etablieren, scheiterten kläglich. Auch mit dem Secco-Rezitativ der Italiener konnten die Briten ebenso wenig anfangen wie mit der italienischen Generalbass-Praxis. Man dachte nach wie vor viel mehr in kontrapunktischen, auf Einzelstimmen bezogenen Kompositionsweisen, als von einem Basso continuo aus.

Einer der Gründe für diese Erfolglosigkeit der Gattung Oper war, dass die englische Kultur seit jeher eine sehr starke Verwurzelung im Sprechtheater hatte. Zweifellos gab es immer wieder Musik in den Schauspielen, auch bei Shakespeare: Songs, Chöre Tänze etc. Eine vollständige Musikalisierung des Dialogs war Komponisten wie Publikum jedoch fremd.

Die wichtigste Theaterform in England war die „Masque", ein höfisch stilisiertes Genre in einer Mischung aus gesprochenem Text, Tanzeinlagen und gesungenen Musiknummern. Hierfür sind auch viele Beispiele von hohem musikalischen Wert erhalten, etwa von Matthew Locke oder William Lawes.

Also gab es gar keine „richtigen" Opern in England im 17. Jahrhundert?

Die einzigen bedeutenden Werke, die man trotzdem so nennen könnte, da sie keinen gesprochenen Dialog enthalten, sind zwei ca. einstündige, einander sehr ähnliche Werke: „Venus and Adonis" (um 1682) von John Blow und „Dido and Aeneas" (1689) von dessen Schüler Henry Purcell, beide eher in einer Nische des englischen Musiklebens entstanden. Vor allem Purcells Werk hat sich bis heute als Repertoirestück auf den Spielplänen halten können.
Es lohnt sich, etwas ausführlicher darauf einzugehen, weil die Unterschiede der englischen, auf der Masque basierenden Tradition zu der einer italienischen Oper der Zeit doch recht gravierend sind.
Die drei kurzen, jeweils cirka 20-minütigen Akte sind in einer architektonisch streng geplanten und symmetrischen Abfolge von verschiedenen, teilweise extrem kurzen Musiknummern wie Chören, „Rezitativen", Dialogen, Tänzen und geschlossenen „Arien" organisiert. Alle diese Akte und Teilnummern sind tonartlich und auch von ihrem Metrum her genau aufeinander bezogen und quasi „durchkomponiert".

Also doch Rezitativ und Arie?

Ja und nein! Was in Italien das Rezitativ ist, ist bei Purcell das „declamatory air" beziehungsweise der „dialogue". Dahinter verbirgt sich expressive syllabische Vertonung des Textes in streng rhythmisierten Takten unter Verwendung teilweise extremer chromatischer Ausdrucksmittel und vieler „madrigalistischer" Wortmalerei, in diesem Falle eine starke Parallele zu Monteverdis Sprechgesang.
Purcells „Arien" sind zumeist „Grounds", das heißt, sie bestehen aus einer freien Oberstimme über einem immer wiederkehrenden, nur zeitweise transponierten mehrtaktigen Bassmodell. Auch das berühmte Lamento der Dido am Ende der Oper ist ein solcher Ground.

„Dido and Aeneas" ist aber doch nicht das ultimative Bühnenwerk Purcells!

Nein, später wandte er sich mit seinen „Semi-operas" wie „King Arthur", „The Fairy Queen" oder „The Indian Queen" wieder den typisch englischen Mischformen mit gesprochenem Dialog zu.

Aber irgendwann gibt es dann doch italienische Oper in London!

In der Tat! Dafür müssen wir aber schon einen Blick über die Jahrhundertwende hinaus richten: In der englischen Musikkultur Anfang des 18. Jahrhunderts vollzog sich ein radikaler Wandel, ein regelrechter Dammbruch: Spätestens mit dem Eintreffen Georg Friedrich Händels und seiner ersten Oper für London „Rinaldo" 1711 erlebt die italienische Oper in England einen unvergleichlichen Erfolg.

London wird aufgrund seiner wirtschaftlichen Prosperität sogar zum Hauptspielort für italienische Opern. Alle großen Stars (Primadonnen wie Faustina Bordoni oder Francesca Cuzzoni, Kastraten wie Senesino oder Farinelli) verdienten unermessliche Summen bei ihren Gastspielen in England.
Dies ist insofern bemerkenswert, als die vorher angesprochene englische Musikkultur und der typisch englische Musikstil dadurch völlig in den Hintergrund gedrängt wurden.

Fehlen bei unserem Rundblick bezüglich der Oper im 17. Jahrhundert noch die deutschsprachigen Länder!

Betrachten wir in diesem Zusammenhang die Landkarte des Heiligen Römischen Reiches Deutscher Nation, so sehen wir kein wirkliches „Reich“, das man geschlossen betrachten könnte, sondern einen Flickenteppich politisch und kulturell heterogener Territorien. Das Kernland des heutigen „Deutschland“ war im 17. Jahrhundert vom 30-jährigen Krieg und seinen Nachwehen geprägt. Nicht zuletzt deswegen fällt es schwer, die Situation der Oper zu betrachten. Denn nicht nur die sagenumwobene Partitur der „ersten deutschen Oper“ „Dafne“ ist verschollen, sondern auch der größte Teil aller damaligen Opern aus dem deutschen Sprachraum.
Der Dichter Martin Opitz hatte das italienische „Dafne“-Libretto Ottavio Rinuccinis, das unter anderem Marco da Gagliano vertont hatte, in die deutsche Sprache übertragen.
Kein geringerer als Heinrich Schütz war der Komponist einer Aufführung dieser Oper in Torgau 1627. Nach dieser Partitur, die wahrscheinlich endgültig verschollen ist, sucht die Musikwelt mindestens mit solchem Eifer wie nach einer weiteren Passionsvertonung Johann Sebastian Bachs.

Dabei ist völlig unklar, ob Schütz' Vertonung überhaupt den Kriterien einer „Oper" entsprochen hätte.

Welches ist die erste erhaltene Oper in deutscher Sprache?

Es handelt sich um „Seelewig". Den Text schrieb Johann Philipp Harsdörffer, die Musik der Nürnberger Organist Sigmund Theophil Staden. Aufgeführt wurde das Werk zum ersten Mal 1644 in Braunschweig. Ungeachtet der Verwendung der deutschen Sprache, die vor allem im protestantischen Umfeld gepflegt wurde, entpuppt sich „Seelewig" bei näherer Betrachtung als zutiefst italienischen Vorbildern verpflichtet, vor allem Emilio de' Cavalieris „Rappresentazione di Anima e di Corpo" von 1600 und Monteverdis „Orfeo" beziehungsweise „Lamento d'Arianna"

Aber es gab doch auch bedeutende Zentren auf deutschem Boden, in denen Opern gespielt wurden?

Absolut! Hier sind vor allem Innsbruck mit Marc Antonio Cesti und Wien als Kaiserstadt zu nennen, wo Kaiser Leopold I. sich auch selbst als Komponist betätigte und Antonio Draghi ab 1668 zusammen mit dem Librettisten Nicolò Minato eine langjährige Folge von Opernaufführungen betraute. Auch Dresden, München, Hannover und Düsseldorf sind noch zu nennen.

Über alle diese Opernproduktionen lässt sich zusammenfassend sagen, dass der Anlass ihrer Komposition wie auch die im Libretto angestrebte Aussage in erster Linie politischer Natur war und zumeist aktuellen territorialen Ansprüchen Ausdruck verleihen sollte – und dass nicht nur die Komponisten, sondern auch Sprache und Stilmittel italienisch waren.

Agostino Steffani, ein als Komponist und Diplomat in vielfältigen Diensten stehender Kosmopolit, brachte unter anderem mit „Niobe“ (München 1688) und „Tassilone“ (ebenda 1708) durchaus kühne künstlerische Konzeptionen auf die Bühne, die auch heute noch verstärkte Aufmerksamkeit erregen könnten.

Gab es denn gar keine „Deutsche Oper“ in der Landessprache, die ein künstlerisch von den italienischen Vorbildern unabhängiges Profil anstrebte?

In einer begrenzten Weise kann man davon im Falle der Hamburger „Oper am Gänsemarkt“ sprechen, die 1678 als „bürgerliche“ Oper einer stolzen, reichsunabhängigen Stadt gegründet worden war und bei der die deutsche Sprache zumindest in den Rezitativen obligatorisch war. Das Opernhaus hatte 2.000 Plätze und war damit das größte Europas.
Das Repertoire bestand aus Neukompositionen in deutscher Sprache sowie Adaptationen italienischer, französischer und deutscher Werke, die an anderen Orten schon aufgeführt worden waren. Wichtiger Bestandteil waren „komische“ Figuren, die häufig wie in der venezianischen Oper in den Ablauf der ernsten Handlung eingeflochten waren und die Sprache des Volkes redeten.
Es herrschte im Spielplan eine durchaus „multikulturelle“ Stilvielfalt, bei der jeweils durch die Verwendung der deutschen Sprache in den Rezitativen die allgemeine Rezeptionsfähigkeit gewährleistet war.
Wir werden auf die Hamburger Oper, die bis 1738 bestand, noch bei der Betrachtung des 18. Jahrhunderts zurückkommen.
Die Komponisten der ersten Phase, die bis zur Ernennung von Reinhard Keiser im Jahre 1703 für die Gänsemarkt-Oper schrieben, waren Johann Theile, Johann Wolfgang Franck und Johann

Sigismund Kusser (den wir schon mit den „Lullisten" erwähnt hatten).

Im Falle der Hamburger Oper kann man also durchaus von einer bürgerlichen Oper reden, aber keinesfalls von den Ursprüngen einer deutschen „Nationaloper".

IV Opera seria

Im Gegensatz zu den Opern Georg Friedrich Händels, die in unserer Zeit eine enorme Renaissance erlebt haben, ist diejenige Gattung der Oper, die im 18. Jahrhundert in ganz Europa und an allen bedeutenden Fürstenhöfen bestimmend war, in ihrer reinen Ausprägung heutzutage kaum noch präsent.
Trotzdem müssen wir wegen ihrer hohen geschichtlichen Bedeutung gründlicher auf die sogenannte „Opera seria" („Ernste Oper") eingehen (Gegenspieler ist die „Opera buffa", die heitere Oper).
Auch Händels Opern sind im Prinzip solche „Opere serie" aber in zumeist modifizierter Form, worauf wir im nächsten Kapitel eingehen werden
Die Opera seria war das perfekte Medium der Fürsten und Könige, um sich bei repräsentativen Anlässen in Szene zu setzen und selbst zu huldigen, wobei die Identifikation des Titelhelden der Oper wie Herkules, Xerxes oder Lucio Silla mit dem jeweiligen Herrscher impliziert war.
Bei der Opera seria haben wir es mit drei Komponenten zu tun, die einander bedingen und nicht getrennt voneinander zu betrachten sind:

Librettist, Komponist und Interpret

Im ersten Falle sind zwei Namen unverzichtbar: der Venezianer Apostolo Zeno, von 1719 bis 1729 Kaiserlicher Hofpoet in Wien, und sein von ihm selbst installierter Nachfolger Pietro Metastasio (1698–1782, bürgerlicher Name „Pietro Trapassi").

Beide sind an der musterhaften Ausgestaltung eines typischen Opera-seria-Librettos beteiligt: Metastasio wurde in seiner Zeit gar als übermächtig bedeutender und säkularer „Dichter" gefeiert, dessen Werke in einer gedruckten Gesamtausgabe vorlagen. Seine zahlreichen Opernlibretti wurden zumeist von mehreren Komponisten vertont (sein „Artaserse" von 1730 insgesamt 90 Mal!). Metastasios Verse mit bevorzugter Verwendung „weicher" Vokale und „fließender" Konsonanten, kurzen Phrasen, aber regelmäßiger Versstruktur waren für eine Musikalisierung ideal geeignet.

Formal sind seine Libretti allesamt nach bestimmten Regeln disponiert:

Die Akteure waren entweder Helden der Antike oder Könige und Adlige der Historie. Bei allem kriegerischen Auftreten und allen politischen Konfliktsituationen agierten diese in den Opernhandlungen jedoch fast immer nur als Höflinge und Liebhaber.

In einer streng geregelten und nach der sozialen Bedeutung der Personen gestaffelten Anordnung bestanden die Libretti aus einer nahezu ausschließlichen Abfolge von Rezitativen und Abgangsarien (nach denen der jeweilige Sänger oder die Sängerin von der Bühne abging).

Der Bedeutung der Personen entsprachen ihre Anteile an wirkungsvollen Auftritten und Arien im Rahmen der drei Akte.

Den Libretti Pietro Metastasios entsprachen die Kompositionen in perfekter Weise: Vor allem Johann Adolph Hasse, der langjährige Kapellmeister am prunkliebenden Dresdner Hof, oder Carl Heinrich Graun am Hofe Friedrichs II. in Berlin erfüllten die librettistischen Vorgaben mit einer Musik, die leichte Fasslichkeit mit der Vorlage zur Entfaltung glanzvoller virtuoser und klanglich-subtiler Effekte vereinte. Auch Komponisten der

Neapolitanischen Opernschule wie Leonardo Vinci, Antonio Porpora und Leonardo Leo bedienten sich dieser Libretti.

Den Personenkonstellationen Prima und Seconda Donna entsprachen der Einsatz hoher oder mittlerer Stimme (von Frauen gesungen), dem Primo und Secondo Uomo hohe und mittlere Stimme, von Kastraten gesungen.

Eine oder mehrere weitere Partien (auch in Tenor-, Bariton- oder Basslage) konnten hinzutreten. Zahlreiche dieser Opern enthielten ausschließlich Partien für Stimmen in Sopran- und Altlage, wie etwa die auch heute relativ bekannte Hasse-Oper „Cleofide".

Sämtliche Arien sind sogenannte Da-capo-Arien. Sie bestehen aus drei Teilen: einem Hauptteil, zumeist von orchestralen Ritornellen eingerahmt, einem kurzen, zuweilen kontrastierenden Mittelteil, und der Wiederholung des ersten Teils, wobei besonders bei letzterem möglichst spontane, ausdrucksvolle und virtuose Veränderungen und Verzierungen des Gesangsparts erwartet werden.

Eine Eigenart einer Opera seria besteht darin, dass die Handlung ausschließlich während der Rezitative voranschreitet, wohingegen die Arien Ausdruck eines bestimmten Affekts sind, der sich bei einer der Personen aus der Handlung ergeben hat (Glück, Wut, Trauer, Rachegelüste oder Verliebtheit) – und die Handlung derweil stillsteht.

In den Arien und in ihrer genuin dreiteiligen Form wird der jeweilige Affekt mit textlichen und musikalischen Mitteln definiert und quasi durch eine Drehung um die eigene Achse beleuchtet und dargestellt.

Diese Form hatte tiefe Wurzeln im höfischen Verhaltenskodex, der in hohem Maße Affektkontrolle verlangte.

Nur die Darstellung von Affekten, die außerhalb des „normalen" Verhaltenskodex lagen, wie zum Beispiel die Darstellung

des „Wahnsinns", des völligen „Außer-sich-Seins" oder des Selbstmords rechtfertigten auch musikalische Formlosigkeit. Händel hat mehrere Male solche Szenen gestaltet, etwa im Falle des dem Wahnsinn verfallenden „Orlando" (mit Abschnitten im 5/8-Takt) oder dem Selbstmord auf offener Bühne von Bajazet im „Tamerlano" mit ständigem Wechsel aus Secco-, Accompagnato-, Arioso- und Arienanteilen.
Von der Musikwissenschaftlerin Silke Leopold stammt der anschauliche Ausdruck, dass die Akteure einer barocken Oper sich während der Dialoge der Handlung quasi permanent auf emotionalen Pulverfässern bewegen, die immer wieder in einem bestimmten Affekt explosionsartig „hochgehen" können.
Die Darstellung und Entwicklung des ureigenen Charakters einer Person im Verlaufe einer Opernhandlung war nicht intendiert. Nur aus der Summe der während einer Oper vorgetragenen, jeweils einem Affekt vorbehaltenen Arie konnte so etwas wie ein mehr oder weniger differenziertes Persönlichkeitsbild der einzelnen Akteure entstehen.
Der Begriff des „Affekts" von lateinischen „afficere" („jemandem etwas antun") beschreibt die Vorstellung, dass der Mensch von außen seelisch bewegt wird – und nicht, dass eine vom Körper unabhängige Seele für seinen Charakter bestimmend sei. Letztere Vorstellung setzt sich gegen Mitte des 18. Jahrhunderts aber langsam durch und verändert somit auch die Struktur der Oper.
Der die Handlung vorantreibende Motor waren teilweise ineinander verschränkte Intrigen. Das „Lieto fine", das Happy End, meist durch göttliches Eingreifen kurz vor Schluss (*deus ex machina*) hergestellt, war obligatorisch und entsprach der Wiederherstellung der gesellschaftlichen Ordnung.
Der eine strenge Opera seria abschließende Coro ist niemals ein „Chor" im heutigen Sinne, sondern eine kurze, zumeist einem barocken Tanzmuster wie Gavotte oder Bourrée entsprechende

Musiknummer, die von allen solistischen Akteuren auf der Bühne gesungen wird.
Textlich entspricht der Coro der „Moral von der Geschicht", einem Sinnspruch, mit dem die Zuhörer nach dem unvermeidlichen Happy End aus den Intrigen und Verwicklungen entspannt entlassen werden.
Dritter Hauptaspekt der Opera seria betrifft die Interpreten, vor allem die Kastraten, auf deren Besonderheiten und Fähigkeiten die Opere serie abgestimmt waren:
Die Praxis, männliche Jugendliche noch vor der Pubertät zu kastrieren mit der vagen Aussicht auf eine glänzende Sängerkarriere, wurde jahrhundertelang praktiziert (vom „letzten Kastraten" Alessandro Moreschi, Mitglied der Sixtinischen Kapelle, existieren noch Tonaufnahmen).
Dadurch, dass die Kastrierten sich körperlich mehr oder weniger normal entwickelten, verbanden sie, falls sie wirklich als Sänger auf die Bühnen kamen, die Stimmlage eines Soprans, Mezzosoprans oder Alts mit dem Volumen und der Kraft eines Heldentenors. Kastraten wurden einer extrem strengen Ausbildung unterzogen, die sie im positiven Fall zu Sängern mit einzigartigen Fähigkeiten machte: Der Begriff des „Belcanto" ist eng mit den Kastraten und ihrer Fähigkeit verbunden, farblich unendlich differenzierte und dynamisch abgestufte Klänge zu erzeugen, die die Zuhörer auf eindrückliche Weise zu rühren imstande waren. Die „Unwirklichkeit" und Realitätsferne, das „Zauberhafte" in der Macht des Gesangs gehörte zur Identität der Kastraten. Außerdem waren sie geschult – nicht selten auch in der Komposition, in der Virtuosität des Koloraturgesangs und vor allem in der Fähigkeit zur Ornamentation und freien Verzierungskunst, wie sie in den Da-capo-Arien gefordert waren.

Berühmte Kastraten waren die zumeist unter ihrem Spitznamen bekannten Senesino, Farinelli, Morlacchi, Caffarelli oder Nicolini.
Bei heutigen Aufführungen von Opern mit Kastratenpartien stehen die Ausführenden vor der Entscheidung, eine Kastratenrolle in Mezzosopran- oder Altlage entweder eine Oktave tiefer von einem Bariton singen zu lassen, Countertenöre zu beschäftigen, oder eine Frauenstimme einzusetzen.
Da die Oktavlage, etwa in Liebesduetten, nicht austauschbar ist und zudem der Klang der hohen Stimmen für die Arien unverzichtbar ist, verbietet sich in stilistisch verantwortungsvollen Aufführungen die erste Möglichkeit. Die zweite Möglichkeit, die Besetzung durch Falsettisten oder Countertenöre, erhält zwar die Stimmlage, ist aber im Ergebnis mit dem Volumen einer Kastratenstimme der damaligen Zeit nicht vergleichbar. Ein häufig zu hörendes Beispiel für diese Problematik ist das berühmte Schlussduett aus Monteverdis „Poppea“: „Pur ti miro, pur ti godo“ , das bei der Besetzung des Nero, original in Sopranlage komponiert, durch einen Tenor seine kompositorische Struktur verliert, weil das für ein Liebesduett typische Verschmelzen der Stimmen und deren abwechselnde Über- und Unterlagerung wegen der dann entstehenden falschen Intervalle nicht mehr stattfinden kann.
Dass männliche Helden in der barocken Oper in der Regel nicht in den „männlichen“ Stimmlagen auftraten, sondern als hohe Stimmen, hat mit der Verfremdungs- und Verzauberungsästhetik zu tun, der es nicht am Herzen lag, Realismus auf die Bühne zu bringen, und der auch die militärischen und politischen Hintergründe der Handlung nur als Folie für die zumeist amouröse Handlung begriff.

Monteverdi hatte zwar mit „Ulisse“ einen Tenor besetzt, danach war es aber erst wieder Händel, der mit dem Bajazet in „Tamerlano“ auf die „natürliche“ Stimmlage eines Helden zurückkam.

V Exkurs: Die Barockoper auf der heutigen Opernbühne

Es wird schon jetzt durch den Blick auf die Opera seria deutlich, dass die barocke Oper zur Zeit ihrer Entstehung offenbar einen anderen Stellenwert hatte als heute.

Vor allem die Opern von Monteverdi und Händel sowie Purcells „Dido“, zuweilen auch solche von Vivaldi, Keiser und Telemann werden heute wiederaufgeführt. Das heißt aber auch, dass hiermit nur eine kleine Auswahl des riesengroßen historischen Materials wieder in Aufführungen belebt wird – und dass diese Auswahl durchaus nicht repräsentativ ist für die Bedeutung der Oper im 17. und 18. Jahrhundert.

Die damalige Dominanz der Opera seria als repräsentative Lieblingsgattung der Fürsten und Könige als ideale Ausdrucksform ihrer Selbsthuldigung allein rechtfertigt heute in den wenigsten Fällen eine Wiederaufführung.

Nicht zufällig können sich diejenigen Werke heutzutage auf den Spielplänen behaupten, die die strengen Grenzen der Gattung immer wieder sprengten und deren Inhalte allgemeigültige, Jahrhunderte überdauernde menschliche Themen behandeln.

Für die Aufführung einer Oper bedarf es nicht nur der Musiker zur Umsetzung des Notentexts, es bedarf auch einer Regie für die Personenführung und der optischen Ausgestaltung auf der Bühne.

Diese wird heute nur in seltenen, eher experimentellen Fällen nach dem ausgerichtet, was wir aus historischer Sicht über die Inszenierung einer Oper wissen. Ganz sicher ist etwa, dass die Sänger – je nach dem darzustellenden Affekt – in fest geregelten Gesten und Posen agierten, was ihre Haltung und vor allem ihre Handstellung betraf: ein Vokabular, das heutzutage nur wenigen Spezialisten geläufig und im Rahmen einer Neuinszenierung einer Barockoper während einer gängigen Probenzeit rein zeitlich dem Sänger nicht vermittelbar ist. Darüber hinaus unterliegen natürlich auch Bühnenbild, Kostüme und Beleuchtung dieser Problematik.

Aufführungen von barocken Opern werden heute zumeist in mehr oder weniger historisch informierter Weise von den Instrumentalisten und bestenfalls den Sängern ausgeführt. Auf der Bühne findet aber in fast allen Fällen eine „moderne" Inszenierung statt, die in einem scharfen Kontrast steht zur erklingenden, historischen Erkenntnissen verpflichtenden Musikausübung.

In der Praxis sind Konflikte und Machtkämpfe zwischen musikalisch und szenisch Verantwortlichen, also zwischen Dirigent und Regisseur, dadurch vorprogrammiert; zumal die meisten Regisseure das typische „Stop and go" der barocken Oper, in denen bei den Affekt darstellenden Arien die Handlung ruht, als unerträglich empfinden, so dass sie deshalb bestrebt sind, wie auch immer geartete Aktionen weiter laufen zu lassen – mit dem häufigen Ergebnis, dass sie darauf dringen, in vielen Arien nur den A-Teil auszuführen und den B-Teil samt der Wiederholung des A-Teils zu streichen.

Will man die barocke Oper nicht nur als ein in den Büchern nachzulesendes Phänomen der Musikgeschichte begreifen, sondern als lebendigen Teil unseres heutigen Musiklebens, ist diese Brechung zwischen Musik, soweit sie in den Partituren erhalten ist, und Theaterinszenierung, welche die historischen Handlungsverläufe zumeist über aktuelle Themen unserer Zeit und mit den Mitteln der heutigen Theaterpraxis zu deuten sucht, immer mit zu bedenken.

VI Georg Friedrich Händels „Rodelinda“ – Anatomie einer Barockoper

Auf der Folie einer strengen Opera seria wollen wir nun anhand einer Oper Händels die Übereinstimmungen, aber auch die Modifikationen dieses Schemas beleuchten und damit auch grundsätzlich auf Händels Opern verweisen, deren Aufführungen im heutigen Musikleben zahlenmäßig weit an der Spitze aller Barockopernproduktionen stehen.

Natürlich ist jedes von Händels über 40 Opernwerken verschieden – und alle getroffenen Beobachtungen müssen individuell relativiert werden. Trotzdem scheint es sinnvoll, sich als Beispiel zunächst einmal auf ein charakteristisches Werk zu konzentrieren mit gelegentlichen Ausblicken auf andere Opern dieses Komponisten.

„Rodelinda“ stammt aus Händels fruchtbarster und erfolgreichster Zeit als Opernkomponist und -unternehmer. In den Jahren 1725 bis 1727 komponierte er drei seiner Meisterwerke: „Giulio Cesare“, „Rodelinda“ und „Tamerlano“. Typisch für Händel: Aus dem in der Arbeit an diesen genannten drei Werken entstandenen alternativen bzw. wieder verworfenen Material hätte sich noch eine komplette vierte Oper ergeben können. So entstand viel Musik, die dann später nicht zur Aufführung kam, weil die Partien für ganz bestimmte Sänger komponiert wurden, deren individuelle Stärken und Schwächen bedacht werden mussten. (Händel lernte den Tenor Francesco Borosini, der die Hauptrolle in „Tamerlano“ zu singen hatte, mit seinen

spezifischen stimmlichen Möglichkeiten erst kennen, nachdem bereits ein großer Teil von dessen Partie komponiert war. Daraufhin hat er sie dann noch einmal komplett neu geschrieben.)
Viele seiner Opern hat Händel in späteren Spielzeiten wieder aufgeführt, auch die „Rodelinda“ im Jahr 1731. Selbstverständlich wurden dann einige Arien neu komponiert beziehungsweise ersetzt, weil andere Sänger zur Verfügung standen.
Übrigens war es die „Rodelinda“ in einer stark romantisierenden Bearbeitung durch Oskar Hagen, mit der 1920 bei der Eröffnung der Göttinger Händel-Festspiele die Renaissance Georg Friedrich Händels als Opernkomponist im 20. Jahrhundert eingeleitet wurde.

Libretto

Bei fast allen seinen Opernlibretti hat Händel keine kompletten Originaldichtungen vertont. Seine literarischen Vorlagen sind in der Regel aus älteren, meist schon vorher von anderen Komponisten vertonten Texten, vornehmlich aus Frankreich und Italien, zusammengesetzt.
Für diese Aufgabe arbeitete Händel mit versierten „Arrangeuren“ zusammen – im Falle der „Rodelinda“ mit Nicola Francesco Haym, einem regelrechten Faktotum, der selbst auch als Cellist und Komponist tätig war.
Von den berühmten Libretti Pietro Metastasios hat Händel nur einige aus dessen römischer Zeit, also vor dessen Ära als Wiener Hofdichter, und auch diese nur in modifizierter Form vertont.
Die Gründe, warum Händel sich seine Libretto-Vorlagen arrangieren ließ, sind vielfältig. In jedem Falle konnte er so die für seine künstlerischen Konzeptionen wichtigen Abschnitte auswählen, andere streichen und etwa lange Secco-Rezitativabschnitte

verkürzen. Das Londoner Publikum hatte zwar englische Übersetzungen bei den Aufführungen zur Hand. Es gibt aber Berichte, denen zufolge Rezitative trotzdem nicht verstanden und als langweilig empfunden wurden. Bei der Wiederaufführung der „Rodelinda“ 1731 wurden die Rezitative noch einmal kräftig gekürzt; Arien mit unspezifischem, nicht stringent der Handlung verpflichtetem Text wurden weitgehend aus dem Libretto eliminiert.

Im Falle der „Rodelinda“ ist die literarische Vorlage ein Libretto von Antonio Salvis „Rodelinda“ (Vertonung durch Giacomo Perti 1710), das seinerseits auf Pierre Corneilles „Pertharite, Roi des Lombards“ (1652) zurückgeht.

Die Handlung der „Rodelinda“ ist der „Historia gentis Langobardum“ eines Paulus Diaconus entnommen und spielt in Mailand in der zweiten Hälfte des siebten Jahrhunderts. Die Handlungs- und Intrigenstränge werden aus den Erbstreitigkeiten um den Thron der Langobarden entwickelt.

Haym hat insgesamt um die 50 Prozent der Originalrezitative für Händel gestrichen, außerdem die komplette Musik für eine singende Person. Außerdem haben Händel und Haym die Verteilung von Arien auf die Haupt- und Nebenfiguren neu ausbalanciert, um das Hauptgeschehen zu intensivieren: Händel bietet seinen drei Hauptprotagonisten 20 Arien, den Nebenfiguren 8, bei Salvi war das Verhältnis 15 zu 19, also umgekehrt gewichtet. In einem Falle verfahren Händel und Salvi sogar so, wie es moderne Regisseure gern hätten: Sie verkürzen Rodelindas klagende Auftrittsarie („Ich habe meinen Gatten verloren“) auf einen A-Teil und streichen B- und A’-Teil. Sicher nicht ohne Grund, denn dadurch entsteht im Zusammenhang mit der nächsten Allegro-Arie, ebenfalls gesungen von der Titelperson, eine übergreifende Szene, in der die Heldin bereits prägnant charakterisiert wird. Diese Änderung fand erst kurz vor der ersten Aufführung statt, denn die Arie war bereits fertig komponiert.

Konzeption

Die Oper hat wie üblich drei Akte, die insgesamt 29 Arien und ein Duett für die Protagonisten enthalten, nach Akten verteilt elf, zehn und neun „Nummern“, die außer beim Aufeinandertreffen zweier größerer Szenen im zweiten und dritten Akt jeweils durch Rezitative verbunden sind. Dazu kommen wie üblich eine Ouvertüre und der sogenannte Coro am Schluss.
Händels Opernouvertüren bestehen in der Regel aus einer sogenannten französischen Ouvertüre und einem weiteren Satz, zumeist einem Tanzsatz wie Menuett, Gigue oder Gavotte.
Im Falle der „Rodelinda“ ist es ein Menuett, das durch zwei modulierende Takte an die Ouvertüre angeschlossen ist. Der Coro am Schluss ist eine Bourrée (mit den Erkennungsmerkmalen: geradtaktig / ein Viertel-Auftakt / periodisch / Synkopierungen) des Inhalts, dass „nach einer dunklen Nacht der Tag um so heller erstrahlt.“
Zu den seltenen, aber umso kostbareren Erscheinungen innerhalb einer solchen Oper gehören Ensembles. Oft ist es, wie hier in der „Rodelinda“ ein Liebesduett am Ende des zweiten Aktes (in anderen Opern finden wir auch Streit-Duette – oder wie im „Tamerlano“ und in „Alcina“ sogar Terzette, bei denen die Beteiligten aber eher nacheinander als zusammen singen).
Das Duett ist an einem bedeutsamen Punkt der Handlung platziert (Ende des zweiten Aktes): Die Liebenden dürfen sich noch vor ihrer bevorstehenden Verbannung, Verurteilung etc. für ein letztes „Addio“ noch einmal sehen und in die Arme fallen. Dies ist Anlass für ein in mehrerer Hinsicht „einmaliges“ Stück innerhalb der gesamten Oper, das auch musikalisch die Süße des

Wiedersehens mit der Bitterkeit des bevorstehenden Abschieds verbindet (fis-Moll).
Weitere Besonderheiten sind Accompagnato-Rezitative, die nicht nur vom Basso continuo, sondern auch vom Streichorchester begleitet werden, und die an besonderes dramatischen Szenen eine Verbindung von Bühnenhandlung und Musik schaffen.
In diesen Fällen ist die Musik sehr viel elaborierter als im Secco-Rezitativ. Meist folgt dann auch noch eine atmosphärisch herausragende Arie.
Solche Accompagnati sind nur „Helden“, also hochgestellten Persönlichkeiten innerhalb der Oper vorbehalten und werden an „klassischen“ szenischen Situationen eingesetzt.
In unserem Falle sind das jeweils eine Szene für die Protagonisten Rodelinda und ihren Gatten Bertarido vor dem Grabmal des angeblich verstorbenen Bertarido im ersten Akt.

Eine „Schwurszene“ (1. Akt)
Bertarido entdeckt sein eigenes Grabmal, schwört, den Kampf mit dem Schicksal wieder aufzunehmen und schmachtet nach seiner Frau Rodelinda (Arie „Dove sei, amato bene“).
Aus einem mehrteiligen Accompagnato wächst die Arie übergangslos heraus. Dabei gibt es auch einen völlig unbegleiteten Abschnitt, während Bertrarido die Inschrift auf dem Denkmal „liest“.

Eine „Trauerszene“ (1. Akt)
Die vermeintliche Witwe Rodelinda steht mit ihrem kleinen Sohn Flavio vor dem Grabmal und trauert um ihren Gatten und den Vater Flavios (Arie „Ombre, piante“).
In diesem Falle geht die Arie plötzlich in ein Accompagnato- und dann ebenso unvermittelt in ein Secco-Rezitativ über.

Eine „Kerkerszene“ (3. Akt)
Bertarido schmachtet im dunklen Verlies. Plötzlich fällt ein Schwert in die Gruft, das ihm sein Freund Unulfo zu seiner Befreiung zukommen lassen will. Aus Versehen verletzt Bertarido diesen mit dem Schwert. Der Schwertfall unterbricht die Arie und löst das Accompagnato aus, das seinerseits in ein Secco-Rezitativ übergeht. Durch das Auftreten Unulfos entsteht bei dieser Szene „Handlung“ .

Eine „Schlafszene“ (3. Akt)
Grimoaldo, von widerstreitenden Gefühlen gequält, legt sich, um Ruhe zu finden, unter einen Baum und singt vor dem Einschlafen noch eine pastorale Schlummerarie („„Pastorello d’un povero armento“). Gelegenheit für den Schuft Garibaldo, ihn hinterrücks zu ermorden.

Durch diese vier Accompagnati, zu denen noch ein kurzes, handlungsloses von Bertarido zu Ende des ersten Aktes hinzutritt, wird die „starre“ Abfolge von Secco-Rezitativ und Arie in der Weise aufgelöst, dass bei allen dramatisch relevanten Szenen eine nicht vorhersehbare Auflockerung der musikalischen Ausdrucksformen stattfindet.
Der weitere Ausbau solcher Konzeptionen sollte dann später bei „Reformkomponisten“ wie Gluck oder Holzbauer für eine grundlegende Umgestaltung der Operndramaturgie führen.

Kommen wir zur eigentlichen „Fleisch“ einer solchen Oper, den Arien:
Alle 30 Arien sind prinzipiell konzipiert als Da-capo-Arien.

Wie bereits erwähnt, hat Händel in der Auftrittsarie Rodelindas vor der ersten Aufführung den B-Teil und die Wiederholung des A-Teils gestrichen.
Einige Arien sind „Ariosi“, das heißt, sie sind in der Art einer Da-capo-Arie „durchkomponiert“, aber mit überraschenden Modifikationen (bezeichnenderweise diejenigen Arien, die mit den oben beschriebenen Accompagnato-Szenen verknüpft sind).

Die Statistik der Arien in der Verteilung auf die jeweiligen Rollen ist, wir wie schon bei der Betrachtung des Librettos beobachtet haben, wohl balanciert. Ganz klar sind zwei Personengruppen zu unterscheiden:
a) „Helden“, das heißt sozial hochgestellte Persönlichkeiten (in diesem Falle regierende oder zeitweilig abgesetzte Könige und Königinnen): Rodelinda, Bertarido, Grimoaldo.
Rodelinda (Königin der Langobarden, Frau von Bertarido): Sopran – neun Arien und ein Duett
Bertarido (durch Grimoaldo vom Thron vertriebener König der Langobarden): Kastraten-Alt – sechs Arien und ein Duett
Grimoaldo (Herzog von Benevent, Verlobter der Eduige): Tenor – sechs Arien

b) Mitspieler, Nebenfiguren zur Einfädelung von Intrigen, ebenfalls auf hohem gesellschaftlichem Niveau, meist Schwestern, Brüder etc. der Hauptfiguren oder Herrscher befreundeter Reiche:
Eduige (Schwester Bertaridos): Alt – drei Arien
Unulfo (langobardischer Edelmann): Alt – drei Arien
Garibaldo (Herzog von Turin, Gegner Bertraidos und Freund Grimoaldos): Bass – zwei Arien
Bezeichnend ist, dass den beiden führenden Partien (Helden) und dem Vertrauten Unulfo hohe Stimmlagen zugeordnet sind,

dem ambivalenten Grimoaldo der Tenor, dem „Bösewicht“ Garibaldo der Bass.

Betrachten wir diese Arien einzeln.
Tempo, Taktart, Tonart, Satztypus und Instrumentation entsprechen jeweils dem darzustellenden Affekt.
Typisch für Händels Arien ist ihre im Verlauf einer Oper extrem abwechslungsreiche instrumentale Setzweise; eine Praxis, die er bereits in seiner Hamburger Zeit aus den Opern Reinhard Keisers gekannt haben dürfte.
Obwohl es in „Rodelinda“ keine nur vom Basso continuo begleiteten Arien gibt wie bei „Tamerlano“ oder „Giulio Cesare“ aus der gleichen Zeit, wechselt die „Stimmigkeit“ zwischen zweistimmigen Stücken (in Eduiges „Quanto più fiera“ verdoppeln die Unisono-Violinen durchweg die Gesangsstimme), häufiger Dreistimmigkeit (Violinen unisono, Gesang, Bass) über vierstimmige Sätze bis hin zu üppig ausinstrumentierten Arien mit Flöten- oder Oboensoli (in anderen Opern oft auch dreifach geteilten Violinen) sowie mal unabhängig, mal mit den Violen oder auch mit dem Bass geführten Fagotten (Rodelindas „Se'l mio duol“). Durch diese Setzweise entstehen ganz unterschiedliche „Atmosphären“. Neben „Nachtstücken“ mit dunklem und reichem Klang stehen Arien von schneidender Schärfe und geradezu energetisch anspringender Direktheit.
Nach Affekten sortiert, könnte man in der „Rodelinda“ in etwa folgende Typen destillieren:

Trauer- und Klagearien (Lamenti)
Dazu gehören Rodelindas Auftrittsarie „Ho perduto“ ebenso wie ihr „Ombre piante“ sowie „Se'l mio duol“ aus dem dritten Akt als auch Bertaridos Kerker-Arioso „Chi di voi“, in gewisser Weise auch das Duett „Io t'abbraccio“.

Merkmale dieser Nummern sind:
· langsames Tempo (in den Arien „Largo“, im Duett „Larghetto“)
· die Tonarten c-Moll, h-Moll, f-Moll und b-Moll, im Duett fis-Moll
· Verwendung von Sarabanden-Rhythmen („Ho perduto“ / „Chi di voi“)
· der Einsatz des „Echos“ in Rodelindas „Ombre piante“ (Traversflöte solo). (Das Echo als Ausdruck der Klage steht seit jeher für die Verlassenheit eines Menschen, dem nur noch die unbelebte Natur, aber kein Mensch mehr „antwortet“, siehe auch Monteverdis „Orfeo“.)
· Bassführungen, die an alte Traditionen anknüpfen: chromatischer Lamentobass in „Ho perduto“, schicksalhaft und „unbarmherzig“ ostinater Bass wie in „Se'l mio duol“. Hierzu zählt auch der charakteristische Achtelbass im Duett „Io t'abbraccio“, das in einem „gemischten Affekt“ sowohl Liebesbekundung als auch eine tragische Situation malt.
· spezielle vollstimmige Instrumentationen mit erlesenen Klangfarben (Solo-Flöte und Solo-Violine in „Ombre piante“ zwei Blockflöten unisono im Verbund mit Fagotten in „Se'l mio duol“)
· musikalische Wortausdeutung, wie sie Händel bei Scarlatti gelernt haben könnte (etwa die harmonischen Trugschlüsse auf das Wort „Inganno“ [„Betrug“] in Bertaridos „Chi di voi“)

Eine typische Arie der Freude findet sich am Schluss der Oper : Rodelindas „Mio caro bene“:
Allegro / G-Dur, kurze, fast atemlos sich überstürzende Phrasen, große schwungvolle Auftakt-Intervalle, virtuose Koloraturen auf „Amor“

Wiederholt finden wir Arien, die Entschlossenheit, Mut, Kampfansage, eben „heldisches“ Gebaren darstellen:
Allen diesen Arien ist ihre „Dünnstimmigkeit“ eigen. Sie laden den Zuhörer nicht zum stillen Rezipieren des Affekts ein, sondern wollen ihn mit erregten Gesten erreichen, die zwischen Gesangsstimme und agilen, vom Umfang her weit ausschreitenden Violinstimmen hin- und hergeworfen werden. Generalpausen wirken wie syntaktische Ausrufezeichen.

Folgende Arien gehören zu diesem Typus:
· Rodelinda: „L'empio rigor del fato“
· Rodelinda: „Morrai si“
· Bertarido: „Confusa si miri”
· Auch Eduiges „Lo farò“ gehört in diese Kategorie. Es ist die einzige Arie, die ohne Ritornell mit der Devise beginnt „Ich werde es tun“, und so eine direkte Verbindung mit dem vorangehenden Secco-Rezitativ herstellt.

Eine Arie malt die Verliebtheit des Grimoaldo: „Prigioniera ho l'alma in pena“.
Die Rede ist vom erregend angenehmen Zustand, sich im „Gefängnis“ der Verliebtheit zu befinden.
Die Tonart A-Dur und ein tänzerischer, menuettartiger Duktus malen diesen Affekt ebenso wie terzengesättigte Ritornelle mit galant anmutenden Vorhalten.
Auch das bereits erwähnte Duett am Ende des zweiten Akts handelt von der Liebe, die jedoch durch den Schmerz der bevorstehenden Trennung „gebrochen“ ist. Die traditionelle Todestonart fis-Moll, eine drohende ostinate Formel der Violinen, der „schicksalhafte“ voranschreitende Andante-Bass kontras-

tieren mit den „verliebten“ Terzengängen in Ritornell und Gesangsstimmen.
Die in gleicher Lage singenden und entsprechend verschmelzenden Stimmen drücken „Vereinigung“ aus (weshalb eine Besetzung der männlichen Partie mit einem Bariton anstelle eines Alts die Wirkung des Stücks zerstören würde).

Auch finstere Absichten und „böse Gedanken“ finden Entsprechung in der musikalischen Faktur:
Der einzig unvermischt „böse“ Akteur der Oper ist Garibaldo. Seine beiden Arien (mehr darf er als „Bösewicht“ auf keinen Fall haben!) sind charakterisiert durch energische Unisono-Führungen: Ein böser Mensch hat keine seelische und deshalb auch keine musikalische „Harmonie“ und kreist quasi blind in seinen finsteren Absichten.
Die zweite Arie Garibaldos („Tirannia gli diede“) entspricht in ihrer macchiavellistischen Aussage, dass zur Herrschaft auch Grausamkeit zwingend gehöre, einem militärisch anmutenden Tanz, dem aus der französischen Musik bekannten Tambourin: Die Figuren aus gestoßenen Sechzehnteln auf gleicher Tonhöhe („stile concitato“) stehen seit Monteverdi für den Ausdruck der „Wut“.
In Grimoaldos Schlafszene („Fatto inferno“), die mit der Schilderung der „Hölle in seinem Herzen“ beginnt, finden sich auch hier als Bild für den „mastin crudele“, den grausamen Höllenhund, die gleichen Unisonoläufe, hier auch noch durch die vielen Fermaten aus dem rhythmischen Gleichgewicht gebracht.

Eng benachbart der Affekt des Zorns:
Grimoaldos „Tuo drudo e il mio rivale“ ist ein gutes Beispiel: g-Moll / energische kraftvolle Motivik.

· der ansonsten „stützende“ Generalbass „erhebt“ sich aus der Tiefe in geradezu rhetorischen Gesten empor,
· „donnernde“ , teilweise von herabfahrenden Violingängen unterstützte Koloraturen.
Auch Rodelinda singt eine nicht unähnliche Zornes-Arie „Spietati, io vi giurai“, die von extremer Theatralik gezeichnet ist (Gesten wie in einer die Furien beschwörenden Theatermusik).
Das „Vor-Wut-am-ganzen-Leibe-Zittern“ wird während der gesamten Dauer nicht aufgegeben (anapästische Figuren, Synkopen). Auch hier „verschwindet“ über weite Strecken hinweg der Generalbass in einer hohen Lage und entzieht damit der Gesangsstimme ein möglicherweise beruhigendes Fundament.

Eine typische Kampfarie im Battaglia-Stil ist Unulfos „Sono i colpi della sorte“: in der aufrüttelnden Kriegstonart D-Dur mit Trompeten- und Trommelimitationen, sowie ausgreifenden Koloraturen.
Es handelt sich um eine Arie, die in ähnlicher Form in zahlreichen Händel-Opern wiederkehrt, deren Affekt in Bezug auf den aktuellen Text nicht sehr stark ausgeprägt ist. Die „harten, aber nicht tödlichen Schicksalsschläge“ finden ihre musikalische Entsprechung in der Darstellung eines siegreich durchstandenen Kampfes.

Selbstbewusstsein, Stolz und Überheblichkeit, Spott
drückt Grimoaldos erste Arie „Io già t'amai“ aus, in der er seiner Verlobten Eduige mitteilt, dass er sie nicht mehr begehre.
· 4/4-Takt, Allegro e staccato, alle Oberstimmen incl. Bläsern unisoni,
· „sattes“ B-Dur und eine zwischen kontrapunktischen Themenköpfen und unermüdlich aufwärts gerichteten Textabschnitten

zu „sempre dicesti no“ („Immer hast du nein gesagt“) abwechselnden Struktur.

Verzweiflung
zeigt sich in Grimoaldos „Sento il seno ripieno“: „ernstes“ a-Moll, viel Chromatik, wild herumirrende, rastlose Melodie, Vermeidung jeglicher periodischer Bildungen.

Zu den eindrücklichsten Arien der Oper gehören diejenigen, die den Affekt der *Sehnsucht* beschreiben, vor allem Bertaridos „Dove sei, amato bene “:
· die Ausnahmetonart E-Dur, die zum extrem „realen“ g-Moll des der Arie vorausgehenden Accompagnatos kontrastiert,
· periodische Menuettstruktur (trotzdem Largo!)
· „weiche“ Besetzung mit nur mit Streichern
· zahlreiche Pausen zum „Atemholen“
Rodelinda gibt ihrer Sehnsucht mit der Arie „Ritorna, caro e dolce tesoro“ Ausdruck, hier in einem G-Dur-Siciliano (Andante) mit weit ausschwingenden Melodiebögen.

Nun sei auch noch auf Ariengattungen eingegangen, die sich mit verschiedenen Affekten verbinden können.

Ein für die Opera seria wichtiges Element sind die so genannten *Gleichnisarien*, in denen ein Beispiel (zumeist aus der Natur) genannt wird, das sich auf die Opernhandlung beziehen könnte (Nachtigallen, Turteltauben, Adler, Tiger, Löwen etc.).
Hierzu gehören Bertaridos „Scacciata dal suo nido“ (Die Schwalbe, die aus ihrem Nest vertrieben wird, begibt sich an einen an-

deren Ort, ohne zu klagen, solange sie ihre treue Gefährtin bei sich weiß) und sein „Se fiera belva“.

Ebenso häufiger „topos“ in anderen Opern ist die *Fahrt auf dem stürmischen Meere ohne Steuermann,* in der ein Schiff richtungslos dahintreibt. Der Sturm auf dem Meer steht dann stellvertretend für den Sturm im Herzen.
Eduiges Arie „Quanto più fiera“ benutzt dieses Bild, malt aber musikalisch nicht den Sturm, sondern die Zuversicht, sicher im Hafen landen zu werden: D-Dur, liedhafte, fast naive Melodik, Zweistimmigkeit.
Bei diesen Arien handelt es sich um melodisch eingängige Stücke, deren Bezug zur eigentlichen Handlung zumeist recht lose ist.

Grundsätzlich ist das Spiel mit der „Natur“ wichtig, das immer wieder mit den seelischen Stationen der Akteure in Verbindung gesetzt wird: *die „Pastorale“.*
Bevorzugter Satztyp der Pastorale ist das Siciliano, häufig durch lange harmonische Orgelpunkte begleitet, die den Bordun der assoziierten Volksinstrumente nachahmen sollen.
Beispiel: Bertraidos „Con rauco mormorio“:
Naturklänge werden hier durch die Instrumentation mit solistischen Fagotten, häufig mit den Bratschen in hoher Lage unisono gehend und überwiegend in tiefer Lage fortschreitenden Violinen evoziert.
Mehr oder weniger offener Bezug zur Natur in dieser Arie ist das Echo. Bereits im Eingangsritornell klanglich eingebettet zwischen Violinen und Violen/Fagotten, beziehungsweise gleich anschließend ein weiteres Mal im Piano abgestuft .

Im B-Teil dann in dreifacher Form (drei Flöten allein, hohe Streicher, drei Fagotte allein) mit völlig überraschenden Klängen.
Wie schon ausgeführt, steht auch hier das Echo für die (vermeintliche) Verlassenheit eines Menschen, dem nur noch die unbelebte Natur, kein Mensch „antwortet“.
Gerade aber in dieser Arie nutzt Händel noch einen dramaturgischen Kniff: Bertarido glaubt, dass nur die Natur ihn wahrnehme, aber, wie ein kurzes Secco-Rezitativ seiner Schwester vor dem Dal Segno beweist, hat ihn seine Schwester erkannt und lauscht ihm unsichtbar.
Zum Repertoire solcher Pastoralarien gehört auch die Darstellung des murmelnden Bächleins beziehungsweise des Rauschens der Blätter in gebundenen und sanft punktierten Figuren, wie wir sie in Grimoaldos Accomagnato „Fatto inferno“ finden, just in dem Moment, als die „sanften Lüfte“ ihn zur Rast unter dem Baum einladen. Die folgende Einschlafarie „Pastorello d’un povero armento“ ist wieder als Siciliano komponiert, wobei das sanfte Wegdämmern in stilisierter Form im Ritornell verarbeitet ist.

Auch Unulfos „Un zeffiro spiro“ („Ein Lüftchen hat geweht“) zählt zu den pastoralen Arientypen. Die Hirteninstrumente Blockflöten, hier in Oktaven mit den Violinen assoziieren deutlich diese Welt und „zaubern“ einen Klang, der in seiner Frische in der Oper einmalig ist.

Bleibt eine Reihe von *leichteren Arien*, die allesamt der periodischen Menuettstruktur verpflichtet sind (Taktschema 2+2+4 o.ä.).

Sie sind zwischen die gehaltvollen und semantisch bedeutenden Arien eingestreut und zumeist auf eher austauschbare Textpassagen komponiert. Ihre Affektdarstellung ist weniger markant, ihre rhythmische und melodische Struktur aber zumeist eingängig. Dazu gehören:
· Grimoaldos „Se per te“
· Unulfos „Fra tempeste“.

Wir dürfen davon ausgehen, dass Händels Londoner Publikum die hier analysierten Parameter der Arien (Tempo, Tonart, Taktart, rhythmische Struktur, musikalische Figuren und Instrumentierung) mit dem Eröffnungsritornell spontan erkannt hat und somit bereits ohne Verständnis des Textes wusste, welcher Affekt ausgedrückt wurde.

Bleibt noch einiges Grundsätzliches zu den Arien nachzutragen: In der „Rodelinda“ sind sämtliche B-Teile der Arien im selben Tempo wie die A-Teile und zumeist von niedrigerem Spannungsgehalt (oft auch nur vom Generalbass begleitet).
Das ist nicht immer so: In anderen Opern Händels finden wir hier, zumal bei den psychologisch vielschichtigen Heldinnen wie den „Zauberinnen“ Alcina oder Melissa („Amadigi“) oft krasse Gegensätzlichkeit (Largo-Presto-Largo beziehungsweise Trauer-Wut-Trauer).
In vielen Arien (zumeist denen der hochgestellten Personen) sind Adagioabschnitte gegen Ende der A- und/oder der B-Teile notiert, zumeist bei Abschlusskadenzen.
Selbstverständlich sind solche Adagios Anlass für weitergehende Verzierungen und freie Kadenzen, für die man sich ein entsprechend verlangsamtes Tempo („Ad Agio“: „At ease“) wählen kann.

Secco-Rezitative

Einen großen Teil der Oper nehmen Secco-Rezitative auf fortlaufenden Text ein, die nur vom Basso Continuo (Cembalo, Laute, Violoncello zusammen oder im Wechsel) begleitet sind. Einer alten Tradition folgend sind sie stets im 4/4-Takt komponiert, wobei Wortakzente immer auf die „starken“ Taktzeiten fallen.
Der genaue Rhythmus und das Tempo der Rezitative sind jedoch ausschließlich vom jeweiligen Sprachtempo abhängig und niemals gleichmässig „geschlagen“ zu denken.
Rezitative wurden rasch und nicht mit voller Stimme gesungen. Im Sinne des Wortausdrucks nehmen Appoggiaturen („Abstützungen“) eine wichtige Rolle ein.
In der Regel handelt es sich um nicht notierte Vorhalte von oben oder unten auf ausdrucksmäßig wichtigen Textsilben (wie „a-mo-re“).
Abschließende Kadenzakkorde im Continuo wurden in der Oper im Gegensatz zum Oratorium oder anderer geistlicher Musik in der Regel zusammen mit dem Sänger gespielt und nicht „nachgeschlagen“, ungeachtet der dabei entstehenden dissonanten Zusammenstöße.

Wer barocke Opern verschiedener Komponisten, zum Beispiel Händel, Telemann, Keiser und Hasse im Vergleich kennt, weiß, dass große Unterschiede in der Komposition dieser Rezitative bestehen, etwa die Tessitura betreffend, das heißt die Lage, in der sich die musikalische „Sprache“ überwiegend abspielt.
Auffallend bei Händel ist der im Vergleich mit anderen Komponisten hohe melodische Gehalt seiner Rezitative, oft am Rande des Arioso.

Ihre harmonisch ausgreifenden Konzeptionen, die auch vor den ungewöhnlichsten Tonarten nicht zurückschrecken (wie b-Moll, h-Moll, c-Moll, fis-Moll, cis-Moll, Gis-Dur) verursachen erhebliche Probleme, wenn aus szenischen Gründen Kürzungen vorgenommen werden sollen: Es ist immens schwer, die logischen Verläufe Händels so zu verändern, ohne dass schmerzhaft hörbare Schnittstellen übrig bleiben.
Wie bewusst Händel selbst in solchen Fällen vorging, zeigt sich in den beiden überlieferten Versionen von Rodelindas Klagearie im Kerker (2. Akt), bei der sie Bertarido bereits tot wähnt:
1. Version: Das Seccorezitativ endet in C-Dur, darauf folgt die Arie „Se'l mio duol“ in f-Moll.
2. Version: Händel komponiert einen neuen Schluss für das Rezitativ, moduliert über einen verminderten Septakkord nach G-Dur, auf den die neue Arie „Ahi perchè“ in c-Moll folgt.

VII Historie 3

Es wird nun Zeit, da wir mit Händel ins 18. Jahrhundert eingedrungen sind, unsere historische Betrachtung wieder aufzunehmen.

Wie ist es in Italien, dem Mutterland der Oper, weiter gegangen?

Die Geburt der Oper war vor allem ein florentinisch-römisches Ereignis.

Das wichtigste Opernzentrum im 17. Jahrhundert war wohl dennoch Venedig!?

Venedig war im 17. Jahrhundert die unbestrittene Hochburg. Die Einrichtung Oper stellte zweifelsohne das Zentrum des kulturellen Lebens der Lagunenstadt dar. Mehrere Faktoren waren dafür bestimmend:

· Für das Selbstverständnis der Republik bedeutete Oper eine identitätsstiftende Einrichtung, in der sich die Republik nach außen hin repräsentierte. Alle anderen Einrichtungen, selbst die Kirchenmusik in San Marco, wurden in ihren Bann gezogen.

· Bis zu sechs gleichzeitig spielende Opernhäuser fanden ihr Publikum.

· Opern durften nur während des Karnevals gespielt werden, also im Frühjahr vor der Passionszeit und im Herbst.

· Durch die Eröffnung von Opernhäusern mir „billigen“ Tickets wie dem Teatro San Moisè 1674 wurde auch nichtadligen Gesellschaftsschichten Zutritt gewährt, was manchen Zeitgenossen bereits als ein Zeichen des Verfalls der Oper ansahen.
· Zu Beginn des 18. Jahrhunderts entwickelte sich die Stadt mit ihrer Opernkultur zu einer regelrechten Touristenattraktion und einem Tummelplatz von Diplomaten aller Herren Länder. Maskierung und Incognito spielten dabei ein große Rolle und erlaubten Besuchern aus ganz Europa, sich ungezwungen zu bewegen.
· Antonio Vivaldi begann nach anfänglicher Karriere als Geiger und Instrumentalkomponist 1713 auch mit der Komposition von Opern, zunächst für Vicenza, dann für Venedig, wo er neben seinen Verpflichtungen am Ospedale della Pietà auch die Funktion des Opernimpresarios am Theater San Angelo ausübte.
· Dass Vivaldi in 26 Jahren neben umfangreichen geistlichen Werken mehr als 50 Opern komponierte, mag beweisen, wie sehr die Zeitgenossen ihn als Komponisten von Vokalmusik gesehen haben müssen.

Wobei aber spätestens gegen die Jahrhundertwende die stilistische Weiterentwicklung des Genres zunehmend in Neapel stattfand.

Neapel war im 17. und 18 . Jahrhundert nach Paris die zweitgrößte Stadt der westlichen Zivilisation und mit ca. 400.000 Einwohnern viermal so groß wie Rom. Bedeutend für das Musikleben und die Ausbildung von Musikern waren die „Conservatorien“, eigentlich Waisenhäuser mit intensiver Musikausbildung.

Man spricht von der neapolitanischen Opernschule, die ab der zweiten Hälfte des 17. Jahrhunderts bis etwa 1750 für die stilistische Entwicklung nicht nur der Oper, sondern auch einer avancierten, ungemein „modernen" Musiksprache wurde, die man als den „Galanten Stil" bezeichnet.
Dieser sollte dann später, gegen 1770, als ein starker Anteil in die Entwicklung des „klassischen" Stils einfließen.
Die Jahrhundertwende übergreifend war es vor allem Alessandro Scarlatti, der als der Vater der neapolitanischen Opernschule zu gelten hat.
Fast alle Aspekte, die später der „Mannheimer Orchesterschule" unter Johann Stamitz zugeschrieben werden (darunter das Orchestercrescendo), lassen sich bereits in den Kompositionen der neapolitanischen Opernkomponisten wie Leonardo Vinci (1690–1730), Nicolo Porpora (1686–768), Leonardo Leo (1694–1744) und Giovanni Battista Pergolesi (1710–1736) beobachten. Auch der aus Hamburg-Bergedorf gebürtige „Sassone" Johann Adolph Hasse muss zu diesen Namen gezählt werden.
Die Entwicklung der dreiteiligen Opernsinfonia, die sich dann zur klassischen Sinfonie entwickeln sollte, lässt sich zuallererst bei den neapolitanischen Komponisten festmachen.
War es in der zweiten Hälfte des 17. Jahrhunderts die Entwicklung zur typischen Seria-Oper, so war es zum Beginn des 18. zudem der Buffo-Stil, der sich in Neapel entwickelte, zunächst untrennbar mit dem neapolitanischen Dialekt verbunden. Pergolesis „La Serva Padrona" sollte das berühmteste komische Intermezzo der Musikgeschichte werden.

Und was war in Rom?

Im 17. Jahrhundert fand Oper zu besonderen gesellschaftlichen Anlässen statt, zumeist von reichen Gönnern finanziert. Einen ganz besonderen Anschub hatte die kulturelle Produktion und mit ihr die Oper durch das Eintreffen der zum Katholizismus konvertierten Christina von Schweden 1656, die sich im großen Stil als Mäzenin betätigte.
Die Situation der Oper in Rom hing eng mit den jeweils regierenden Päpsten zusammen. Neben Perioden, in denen die Oper unterstützt und gefördert wurde, standen solche, in denen sie als Nährboden schlechter Sitten und verkommener Moral verboten wurde, so im Jahre 1689.
Komponisten, die für Rom Opern geschrieben haben, sind etwa Alessandro Scarlatti und Atto Melani.
Eine Eigenart römischer Opern- (und Oratorien-) produktionen war, dass es Frauen grundsätzlich untersagt war, auf einer Bühne aufzutreten. Deshalb wurden sämtliche Frauenpartien von (darauf mitunter spezialisierten) Kastraten gesungen.

Italienische Oper wurde aber nach wie vor auch auf deutschsprachigem Territorium gepflegt, beziehungsweise wurde zunehmend zu einem gesamteuropäischen Phänomen!

Eine der Hauptspielstätten höfischer Opera seria vor allem venezianischer Prägung war Dresden. Die sächsischen Kurfürsten ließen mit kurzen Unterbrechungen seit Mitte des 17. Jahrhunderts in Dresden prächtige Opernaufführungen stattfinden.
1731 wurde Johann Adolph Hasse als Hofkapellmeister mitsamt seiner Gattin, der berühmten Primadonna Faustina Bordoni, nach Dresden verpflichtet, womit eine Epoche beispiellos prunkvoller Opernproduktionen eingeleitet wurde: mit den

teuersten Sängern der Zeit und einer Hofkapelle unter dem Konzertmeister Johann Georg Pisendel, die möglicherweise auch das beste Orchester seiner Zeit war.

Und Berlin?

Friedrich II. („der Große") ließ 1741 in Berlin ein großes Königliches Opernhaus bauen und bot damit dem Genre in Preußen zum ersten Mal eine repräsentative Spielstätte.
Carl Heinrich Graun komponierte zur Eröffnung 1743 „Cesare e Cleopatra". Berlin blieb aufgrund des persönlichen Geschmacks des Königs eine Hochburg der italienischen Opera seria. Hauptkomponisten waren Carl Heinrich Graun (mit knapp 30 Opern für Berlin) und Johann Adolph Hasse.
1755 wurde Grauns „Motezuma" in Szene gesetzt, wofür der König selbst das Libretto verfasst hatte.

Stuttgart

Auch der Hof des tyrannischen Herzogs Carl Eugen war eine Hochburg der italienischen Oper. Carl Eugen war am Hofe Friedrichs II. in Berlin erzogen worden und regierte ab 1737 in Stuttgart als absolutistischer Monarch, wobei sein Bedürfnis nach Glanz und Repräsentation die Möglichkeiten seine Landes deutlich überstiegen.
Niccolò Jommelli (1714–1774) wirkte als Hofkapellmeister von 1753 bis 1769 und schrieb vor allem Opere serie, die bekannteste unter ihnen „Fetonte". Bemerkenswert an Jommellis Konzeptionen ist, dass er das Seria-Schema durch Elemente der französischen „Tragédie lyrique" anreicherte, und zwar durch den Einsatz von Chor und Ballett.

Mannheim

Der Mannheimer Hof unter dem „aufgeklärten" Herrscher Carl Theodor (in Mannheim von 1742 bis 1778) war ein wahres Musen-Paradies. Heute in erster Linie bekannt wegen der Mannheimer Orchesterschule unter ihrem „Vater" Johann Stamitz, galt der Hof auch als Hochburg des Musiktheaters.
Der gebürtige Wiener Ignaz Holzbauer war ab 1753 Hofkapellmeister und schrieb zahlreiche „metastasianische" Opern für den Hof, darunter auch 1777 „Günther von Schwarzburg" auf ein deutsches Libretto (wir werden noch darauf zurückkommen).
Aber auch die Werke all der anderen „großen" Opernkomponisten der Zeit wie Johann Christian Bach, Johann Adolph Hasse, Tommaso Traetta, Gian Francesco de Majo und Niccolò Piccinni wurden in Mannheim aufgeführt.
Die Opern „Temistocle" (1772) und „Lucio Silla" (1774) schrieb Johann Christian Bach im Auftrag des Kurfürsten Carl Theodor zu dessen Namenstag.

St. Petersburg

Um die gesamteuropäische Ausbreitung der italienischen Oper als Ausweis repräsentativer Hofkultur zu belegen, sollten wir auch kurz nach Russland blicken, wo es zur Zeit Katharinas der Großen (1729–1796) eine regelrechte italienische Enklave gab: einen Hofstaat ganz nach westlichem Vorbild und ein Hoforchester, bestehend überwiegend aus Italienern.
Der berühmte Opernkomponist Baldassare Galuppi hatte schon zahllose musiktheatralische Werke für alle großen Opernzent-

ren in Italien wie auch für Wien und London komponiert, als er 1765 nach Sankt Petersburg gerufen wurde, um dort für drei Jahre die Leitung der Hofoper zu übernehmen. Ihm folgten zwischen 1768 und 1775 Tommaso Traetta und 1776 Giovanni Paisiello.

Betrachtet man die Stationen ihres Wirkens, kann man zusammenfassend feststellen, dass die dem aus der neapolitanischen Schule erwachsenen „Galanten Stil“ verpflichteten Opernkomponisten für die Omnipräsenz der italienischen Oper an fast allen europäischen Höfen und Kulturzentren sorgten:
Leonardo Vinci (Neapel, Rom), Johann Adolph Hasse (Neapel, Venedig, Dresden, Wien), Baldassare Galuppi (Venedig, Sankt Petersburg), Giovanni Battistta Pergolesi (Neapel, Rom), Christoph Willibald Gluck (Mailand, Neapel, Dresden, Wien, Paris), Niccolò Jommelli (Neapel, Rom, Wien, Stuttgart).
Dies gilt auch noch für die Komponisten der Generation 1730: Niccolò Piccinni (Neapel, Rom, Paris), Antonio Sacchini (Neapel, Rom, London, Paris), Giuseppe Sarti (Kopenhagen, Venedig, Sankt Petersburg), Tommaso Traetta (Parma, Wien, Sankt Petersburg), Johann Christian Bach (Mailand, London, Paris), Josef Mysliveček (Prag, Neapel, Rom, München) und Giovanni Paisiello (Neapel, Sankt Petersburg, Paris).

VIII Der Buffo-Stil

Lassen Sie uns nun den im Zusammenhang mit Neapel erwähnten Buffo-Stil etwas genauer betrachten. Denn für die gesamte Opernentwicklung – auch wenn wir an Mozart denken – entwickelte dieser ja allerhöchste Bedeutung.

Der wichtigste und folgenreichste Entwicklungsstrang dürfte in der Tat die Weiterentwicklung des Komischen Stils im Komischen Intermezzo und der „Opera buffa" sein.
Beide teilen sich die Ausprägung einer eigenen musikalischen „Sprache".
Die Einfügung komischer Szenen in ein ernstes Drama war bereits in der Antike gebräuchlich, auch das Theater (Shakespeare) hat sich ihrer immer wieder bedient, um der Spannung eines Schauspiels die „Entspannung" des Publikums entgegenzusetzen.
Die klassischen Regeln wie die Stilhöhenregel, nach der in der Tragödie kein Platz für „komische" Elemente war, sowie die Forderung nach „Einheit von Zeit, Ort und Handlung" wurden in der Oper im 17. Jahrhundert zunehmend unterlaufen.
In der „L'Incoronazione di Poppea " werden neben dem „ernsten" Geschehen um Nero, Poppea und Seneca „komische" Figuren ins Geschehen einbezogen. Sie sind in der Soziologie der Zeit von niederem Stand: Soldaten, Ammen, Alte und Gebrechliche, Dienerfiguren (solche, über die man sich gefahrlos „amüsieren" kann!).
Nicht nur, dass diese Figuren, die sich zuweilen einer deftigen oder sogar obszönen Alltagssprache befleißigen, für humoristische Unterhaltung im ansonsten tragischen Spiel der „hohen"

Personen sorgen. Es werden ihnen auch Erkenntnisse und Kritik an den Herrschenden in den Mund gelegt, die man sonst wohl nicht hätte äußern können. Außerdem hatte das Publikum Gelegenheit zu herzlichem Lachen innerhalb einer sonst so ernsten Geschichte.

Den Librettisten um die Jahrhundertwende wie Apostolo Zeno gefiel die Vermischung „niedriger" und „edler" Figuren und „lächerlicher" und „erhabener" Handlungsanteile nicht. Sie waren bestrebt, die heiteren Szenen aus dem eigentlichen Libretto zu entfernen und zunächst in die Pausen zwischen den Akten zu verschieben. Dadurch entstanden die „Komischen Intermezzi". Mit nur zwei oder drei Akteuren und einem kleinen Instrumentalensemble stellten sie sozusagen Mini-Opern dar, die dann auch außerhalb der ernsten Haupthandlung überlebensfähig waren.

Lassen Sie uns Aspekte des „Komischen Intermezzos" und des entsprechenden Kompositionsstils beispielhaft an einem Werk näher betrachten, das in Hamburg zum ersten Mal aufgeführt wurde, von einem deutschen Komponisten, aber basierend auf einem italienischen Libretto von Pietro Pariati, das bereits 1709 mit Musik von Tomaso Albinoni in Venedig auf die Bretter gekommen war.

Georg Philipp Telemanns „Pimpinone"

In Hamburg wurden die komischen Elemente seit jeher gepflegt, zuweilen auch nur durch die Einfügung einer komischen Figur, eines Hanswursts oder Hofnarren. „Pimpinone" war also kein Einzelereignis, sondern entsprach gängigen Erwartungen des Publikums.

In Telemanns später und reifer Oper „Emma und Eginhard" gibt es wieder eine ganz ähnliche Vermischung der Stilebenen wie bei Monteverdis „Poppea". Die „Puristen", die an einer sauberen Trennung von ernster und heiterer Handlung interessiert waren, hatten sich also doch nicht hunderptrozentig durchsetzen können.

Nicht zuletzt, weil das „Komische Intermezzo" „Pimpinone" heute recht häufig aufgeführt wird und überhaupt Telemanns bekanntestes Bühnenwerk geworden ist, lohnt es sich, gerade darauf etwas ausführlicher einzugehen, um typische Aspekte des Komischen Stils zu beleuchten.

„Pimpinone" wurde erstmals 1725 an der Hamburger Gänsemarktoper gegeben als Zwischenaktmusik einer Aufführung des Händelschen „Tamerlano". Es handelt sich eigentlich um drei Intermezzi mit einer aufeinander bezogenen Handlung.

Im alltäglichen Sprachgebrauch herrscht immer etwas Verwirrung, weil sich ein „Komisches Intermezzo" als Ganzes immer aus mindestens zwei Aufzügen – intern wiederum Intermezzi genannt –, zusammensetzt. Ein Intermezzo ist demnach zunächst gemeint als „Zwischenspiel" zwischen den Akten einer „großen" Oper und deshalb in der Regel aus mehreren Einzel-Intermezzi zusammengesetzt, die ihrerseits den Aufzügen der Oper entsprechen.

Wegen des großen Publikumserfolgs wurde das Intermezzo später (ergänzt durch Instrumentalwerke) häufig auch getrennt von der Haupthandlung einer „Opera seria" aufgeführt: als einfach zu erstellende, eigenständige kleine „Anti-Oper".

In mehrfacher Hinsicht erschafft das komische Intermezzo keine eigene neue Form, sondern lehnt sich in ironischer Brechung an die Prinzipien der „Opera seria" an:

Hier wie dort wird die Handlung in drei Akte unterteilt: Statt der in der „Seria“ üblichen durchschnittlichen Stunde pro Akt sind es hier jeweils 20 Minuten.
Die Trennung und die regelmäßige Abfolge von Rezitativ und Arie bleiben ebenfalls erhalten. Bis auf ein Arioso sind auch sämtliche geschlossenen Musiknummern in Da-Capo-Form komponiert.
Jedes der drei Einzel-Intermezzi enthält drei Soloarien und ein Duett, im dritten „Akt“ gibt es bei Telemann im Gegensatz zu Albinoni noch ein überzähliges viertes Duett.
Die ironische Brechung zur „Opera seria“ besteht zunächst in der Auswahl der singenden Personen:
Nicht Helden oder Könige der fernen Historie oder Mythologie treten auf, sondern ein reicher mürrischer alter Mann (Pimpinone: der „große Pimpim“) und ein armes, aber hübsches und verschlagenes Dienstmädchen (Vespetta, das „Wespchen“), Menschen, wie sie die Zuschauer mit all ihren Problemen und Verhaltensweisen aus dem „echten Leben“ kennen.
Fast alle erhaltenen Intermezzi arbeiten mit diesen beiden „Typen“, zuweilen noch durch stumme Rollen (z.B. Diener) ergänzt. Es geht somit um Themen, die viel über die soziologische Wirklichkeit der damaligen Gesellschaft verraten, zum Beispiel die Fragen von Despotie der Väter oder der Vormünder, Geldgier, Mündelschaft, Versorgungsheirat, Vergnügungsmöglichkeiten, Werbungsgepflogenheiten etc.
Ihre Sprache in den Rezitativen ist die Umgangssprache der Leute von der Straße. Das Italienisch des Originallibrettos von Pariati wurde von Johann Philipp Praetorius ins Deutsche übertragen. In den Arien und in einem der Duette wird, wie in Hamburg üblich, die italienische Sprache beibehalten.
Auch vom musikalischen Idiom gibt es immer wieder Bezüge zu dem pathetischen Vokabular der „Opera seria“, indem deren

klassisches Arien-Repertoire in parodierender Form aufgegriffen wird wie im gespielten „Lamento" einer absteigenden chromatischen Linie gleich in Vespettas erster Arie, ihres als „Devisenarie" begonnenen Arioso „Nei brevi momenti" mit seiner emphatischen kleinen Sexte oder im kompositorischen Arsenal einer typischen Zornesarie mit „stile concitato"-Elementen im „Schimpfduett".

Die thematische Erfindung der meisten Arien ist bewusst volkstümlich gehalten und vor allem bei den Arien im Dreiertakt an tanzartigen Melodien orientiert.

„Komische" Effekte entstehen musikalisch durch den häufigen Gebrauch von ungewöhnlich großen Sprüngen, schnell und unmotiviert vorbeirauschenden Figuren oder rhythmischen Strukturen, wie dem als „schertzhaft" bezeichneten Jambus (kurz-lang) oder dem für „gewisse spöttische und satyrische Gedichte" (Mattheson) geeigneten Anapäst (kurz-kurz-lang).

Besonders im Schlussduett tritt der von Telemann besonders geliebte folkloristische polnische Stil in seiner „barbarischen Schönheit" zum Vorschein.

Koloraturen, wie sie für typische „Seria"-Arien typisch wären, sind ausgespart.

Stattdessen finden sich häufig syllabische „Plapperphrasen" wie „no, no, no, no" (Duett „Nell petto il cor") oder „pim-pim-pim-pim" (Arie „Guarda, guarda") oder das Spiel mit „no, no, si, si/ no, si, no, si, si, si, no, no" in Pimpinones „So quel che si dice" . (Wir kennen das aus Mozarts „Pa-pa-pa-pa-gena".)

Einer Bemerkung von Johann Joachim Quantz zufolge in seinem Versuch (XVII/13) muss man sich die instrumentale Ausführung auch in komischer und verzerrter Form vorstellen. Da ein Intermezzo eine „Caricatur, oder das Gegentheil von einer ernsthaften Singmusik" vorstellt, soll sie auch „zumal in den lächerlichen Arien, nicht wie eine ernsthafte Oper, sondern auf eine niedrige, und ganz gemeine Art accompagnieret werden."

Unterschiede zur „Opera seria" liegen in folgenden Punkten:

In den Duetten findet nicht nur Affektdarstellung, sondern zunehmend auch „Handlung" statt.
Dies betrifft sowohl „Vada, vada" in dem sich die beiden vor übertriebener Höflichkeit gegenseitig den Vortritt geben wollen als auch das drastische, ausschließlich aus Beleidigungen und Schimpfwörtern bestehende „Zankduett", das man sich nur mit entsprechender gleichzeitiger Aktion in der Nähe einer Prügelszene vorstellen kann. Auch das Schlussduett, in dem der frech triumphierenden Sentenz Vespettas „Schweig hinkünftig, albrer Tropf" Pimpinones Lamento „O wie schmerzet mir der Kopf" gegenübersteht, entspricht so gar nicht der klassischen Art reiner Affektdarstellung.
Da in diesen Duetten der Text in jedem Fall vom Publikum verstanden werden soll, sind sie zwangsläufig auch in Deutsch abgefasst.
Außermusikalische „Handlung" dringt auch in das Arioso „Nei brevi momenti" ein, bei dem Telemann dem Gesangseinsatz die Vortragsanweisung „weinend" angibt, das also pathetisch schluchzend auszuführen ist .
Gipfel der Komik in Telemanns Werk ist jedoch Pimpinones schnelle Dreipersonenarie im 12/8-Takt, in der er schwatzende Frauen beim Tratsch imitiert: Falsettierende Abschnitte in Sopran- und Altlage und seine „eigene" Stimme in Basslage alternieren teilweise in halsbrecherischer Geschwindigkeit und überlagern sich förmlich.

Wir dürfen davon ausgehen, dass das Publikum auch seinerzeit bei einer solchen Musiknummer in schallendes Gelächter ausgebrochen ist. Nach Quantz hat das Intermezzo auch „keine andere Absicht, als die Critik, und das Lachen, zum Grunde“ (XII, 13).

Das Intermezzo mit seinem „komischen Stil“ ist also der „Opera seria“ in vielfältiger Weise verpflichtet, bildet jedoch eine Form, bei der durch die zunehmenden Handlungsanteile auch in den geschlossenen musikalischen Nummern die strengen Regeln der „Seria“ zunehmend konterkariert werden.

IX Historie 4

Was hat die „Opera buffa" damit zu tun?

Als Kontrapunkt zur „Opera seria" hängen Blütezeit und Verschwinden der Komischen Intermezzi mit der ersteren grundsätzlich zusammen.
Aus den Intermezzi entsteht dann in Neapel die Gattung der ausgewachsenen Buffooper, zumeist in neapolitanischem Dialekt verfasst.
Hier sind Namen wie Pergolesi, Cimarosa, Jommelli oder Galuppi zu nennen. Außerhalb des italienischen Sprachraums sind diese Werke jedoch heute nur schwer vermittelbar und sind deshalb so gut wie nie zu erleben. Es ist aber interessant, dass viele dieser Intermezzi, auch der sehr erfolgreichen von Johann Adolph Hasse, auch schon sehr bald in Deutschland in Übersetzungen gespielt wurden.

Und warum wurde die „Opera buffa" dann so wichtig? Hat das nur damit zu tun, dass man sich auch in der Oper herzlich amüsieren wollte?

Die Sprengkraft dieser neuen Gattungsspielart lag vor allem in ihrem Einfluss auf die Kompositionen selbst.
Die „Opera seria" erlaubte aufgrund ihres starren Schemas kaum „Aktion" in den geschlossenen Musiknummern.
Bei den aus häufig aus der Commedia dell'arte und der Stegreifkomödie entlehnten Inhalten der „Buffa" wurde der Gleichklang

zwischen Handlung und Musik aber immer wichtiger. Auch die typische Abgangsarie der „Opera seria" stand komischen Inhalten im Wege.
Dadurch entstand ein Kompositionsstil, der die Abfolge von Seccorezitativ und Da-capo-Arie allmählich auflöste, indem die Handlung, wie andeutungsweise schon in den Intermezzi, auf der Bühne mit den musikalischen Geschehnissen zunehmend in Gleichklang trat.
Spätestens bei Mozarts Opern wie „Le Nozze di Figaro" ist eine Synthese von Elementen der „Seria" und der „Buffa" erreicht, was sich zum Beispiel in den jeweiligen Handlungs-Finali an den Aktenden manifestiert.

Und Frankreich?

Hier sorgt 1752 eine Aufführung des wohl berühmtesten komischen Intermezzos überhaupt, der „Serva Padrona" von Pergolesi von 1734, für einen handfesten Streit, den sogenannten „Buffonistenstreit", in dem es grundsätzlich um die Qualitäten der französischen und italienischen Musik ging.
Die so genannten „Enzyklopädisten" (unter anderem Jean Jacques Rousseau) führen die Leichtigkeit, die Schönheit und Melodiosität der italienischen Sprache gegen die Traditionen der französischen Musik ins Feld.
Die Folge war eine starke Italienisierung und Übernahme italienischer Stilmerkmale in der „Opéra comique", dem französischen Pendant zur Buffooper (mit gesprochenen Dialogen) und dann auch in der „Tragédie lyrique".

Wir müssen hier noch einmal kurz zurückblicken, wie es in Frankreich zu einer solchen Auseinandersetzung kommen konnte:
Die Werke Lullys galten auch noch 50 Jahre nach seinem Tod als nationale Heiligtümer und wurden immer und immer wieder aufgeführt. Die italienische Oper war im Gegensatz zu allen anderen europäischen Zentren nicht existent. Die Deklamation der französischen Texte in der „Tragédie en musique" hatte das Primat über musikalische Parameter. Italiener empfanden die französische Art des Singens als „unschönes Geschrei" (Casanova), während die Franzosen die oft sinnlose Virtuosität der italienischen Opern verachteten.
Wirklich neue Entwicklungen löste erst Jean-Philippe Rameau mit seiner „Tragédie lyrique" „Hippolyte et Aricie" aus, die er 1733 im Alter von 50 Jahren schrieb. Das französische Publikum spaltete sich in zwei Hälften, die einen, die in Rameau den Erneuerer der „Tragédie lyrique" sahen („Rameauneurs") und den „Lullisten", für die er ein Verräter an dessen Idealen war.
Hauptvorwurf war, dass er das Dramatische zugunsten des Musikalischen und Kunstvollen vernachlässige. Seine Musik galt als zu kompliziert, zu experimentell, zu wenig elegant und „zu schwer".
Rameau war bekanntlich einer der bedeutendsten Musiktheoreriker des 18. Jahrhunderts. Immer wieder wird ihm zum Vorwurf gemacht, dass dadurch seine Musik überfrachtet sei. Dass Rameau jedoch auch auf dem Gebiete der humoristischen „Comédie lyrique" erfolgreich tätig war, beweist seine „Platée" von 1745, die auch heute zuweilen aufgeführt wird.

Von der Gänsemarktoper in Hamburg war schon in Zusammenhang mit „Pimpinone“ die Rede. Was wurde dort gespielt?

Wir können bis zur Schließung des Theaters im Jahre 1738 noch zwei Phasen unterscheiden: Die Epoche Reinhard Keisers (1697–1721), der insgesamt 50 Opern für Hamburg schrieb, und die Georg Philipp Telemanns (1722–1738).
Für den jungen Händel war seine Lehrzeit an diesem Theater 1703–1708 und seine Zusammenarbeit mit Reinhard Keiser und Johann Mattheson von großer Bedeutung. Händels Musik zehrt bis zum Schluss seines Schaffens von thematischen Ideen, die er aus Keisers Opern übernommen hat. Aber auch er hat an diesem Hause seine ersten Sporen als Opernkomponist verdient. Erhalten ist von seinen Hamburger Werken nur „Almira oder Der in Kronen erlangte Glückswechsel“ (HWV 1).
Typisch für Keiser sind seine kurzen, aber ungemein prägnanten Arien und seine unerschöpfliche Fantasie der Instrumentation. In seinen Opernpartituren gibt es kaum zwei Arien, die exakt in der gleichen Instrumentation geschrieben sind. Dies reicht von gänzlich unbegleiteten Arien, also „Gesang a cappella“, bis hin zu Instrumentationen mit geteilten Celli, verschiedenen Flötentypen und bis zu fünf Fagotten. Den Sängern, aber zuweilen auch den Instrumentalisten verlangt Keiser extreme Anforderungen in Sachen Virtuosität ab. Es müssen deshalb ungemein fähige Musiker an diesem Hause gewirkt haben.
Die heutige Aufführung einer Keiser-Oper stellt deshalb für die Sänger aufführungspraktisch nicht weniger Probleme dar als etwa die des Monteverdischen „Orfeo“.
Die extrem hohe Tessitura der Vokalpartien deutet zudem darauf hin, dass zu seiner Zeit der Stimmton etwa einen Ganzton

unter dem heutigen (440) gelegen haben muss (etwa beim französischen Stimmton a = 392).

Telemann hat ja nicht nur Intermezzi, sondern auch „große Opern" (darunter auch reinrassige Seria-Opern) geschrieben. Gibt es spezielle Aspekte in diesen Werken?

Telemanns Opern schließen sich den Anforderungen Keisers an, leben aber von ausgedehnteren Arienkonzeptionen. Im Gegensatz zu Keiser, dessen Stärke im Erschaffen melodiöser und stimmungsvoller Texturen bestand, liebt Telemann auch den Einsatz kontrapunktisch komplexer Strukturen bis hin zu mehrthematigen Fugen.
Was die textlichen Inhalte seiner Opern betrifft, scheint er klare Vorlieben gehabt zu haben: In seinen erhaltenen Werken lässt sich ein starker republikanischer Geist vernehmen.
Ob es der Kampf der Arkadier gegen den Unhold „Damon" ist oder der Sieg der Vernunft und Aufklärung gegen die verheerenden Auswirkungen des Standesdünkels in „Emma und Eginhard" oder noch in Telemanns letzter Oper von 1761, dem Einakter „Don Quichotte auf der Hochzeit des Comacho": Immer wieder zeigt sich der Stolz einer Bürgerstadt, die ihren Wohlstand nicht geschenkt bekommen, sondern durch Geschick, Tüchtigkeit und Fleiß hart erarbeitet hat und darauf stolz ist.
Grundsätzlich galt die „multikulturelle" Spielplanpolitik in Hamburg weiter, wie sie auch schon die Periode des 17. Jahrhunderts prägte.
Von den deutschen Komponisten, deren Werke zunehmend wieder ins Blickfeld geraten und auch in modernen Partitureditionen erhältlich sind, seien noch der Braunschweiger Georg Caspar Schürmann und Johan Georg Conradi („Ariadne") genannt.

Zur Zeit Telemanns wurden mehrere der großen Londoner Opern Händels in Hamburg nachgespielt.
Typisch ist der Bearbeitungsprozess, dem sie dabei unterworfen wurden: Die Rezitative wurden grundsätzlich auf Deutsch neu komponiert. Außerdem wurden Arien ersetzt, die in der Händelschen Form den jeweiligen Sängern offenbar nicht genehm waren.
Ein besonderes interessanter Fall ist „Otto" nach Händels „Ottone", für den Telemann insgesamt zehn Arien neu komponierte, darunter sämtliche Musik des Isaurus (Tenor), die Händel komplett aus dem Libretto hatte streichen lassen.
Wie wir bereits an „Pimpinone" gesehen haben, das zu Händels „Tamerlano" zum ersten Male gespielt wurde, kam zudem die Einfügung heiterer Intermezzi den Erwartungen des Hamburger Publikums entgegen.

Was hat es denn mit der „Reformoper" auf sich – und vor allem mit Christoph Willibald Gluck? Es hieß doch immer, dass letzterer die Oper vor dem Verfall gerettet habe, in dem er den Auswüchsen der „Opera seria" Einhalt geboten habe.

Die Musikforschung der jüngeren Vergangenheit zeigt, dass eine tendenziöse Musikgeschichtsschreibung diesen Mythos gewoben hat, der zumindest einer starken Relativierung bedarf.
Wie zahlreiche Satiren (teilweise ebenfalls in Form von Opern) über den Betrieb zeigen, hat es in der Tat Auswüchse gegeben: Die Tyrannei von Sängern mit ihrem Geltungsbedürfnis und ihrer Zurschaustellung virtuoser Fähigkeiten, die wenig mit dramatischer Wahrhaftigkeit zu tun hatten, oder die der Impresarii, denen es um das Geschäft und nicht um die Kunst ging.

Ein Ansatz, die italienische Oper mit ihren „Unarten" zu reformieren, kam dabei aus der Besinnung auf die Oper in Frankreich, wo die ausschließlich dem Drama verpflichtete „Tragédie lyrique" ein Gegenbeispiel bot.
Und genau an den Orten, wo auch das französische Theater aufgrund politischer Konstellationen Fuß fassen konnte, keimten solche Reformbestrebungen: Parma (von den Bourbonen regiert), Wien und Mannheim.
Nicht nur Gluck schrieb „Reformopern", auch Salieri, Bach oder Jommelli lieferten Beispiele für den Versuch, Konventionen zu überwinden, um größere Wahrhaftigkeit zu erzielen.
Es sieht aber alles danach aus, dass es keine „Opernreform" in der Art eines „Durchbruchs" gegeben hat, sondern dass Reformopern eine Spielart der Gattung waren, währenddessen die „Opera seria" unbeeindruckt weiterlebte. Noch Mozart schreibt bekanntlich als letzte Oper eine strenge Seria: „La Clemenza di Tito".

Welche Opern von Gluck sind es, an denen man den Reformgedanken festmachen kann?

Es sind drei sehr unterschiedliche Werke, die er in Wien zusammen mit dem Librettisten Ranieri de Calzabigi verfasst hat: „Orfeo ed Euridice" (1762), „Alceste" (1767) und „Paride ed Elena" (1770).
Merkmale dieser drei Opern ist das Bestreben nach plausibler Handlungsführung, die Integration von Chor und Ballett, die Eliminierung virtuoser Koloraturen und das Ersetzen der Secco-Rezitative durch solche mit orchestraler Begleitung.
Ein regelrechtes Manifest von Gluck und Calzabigi findet sich in der Vorrede zur „Alceste": Ihr Hauptanliegen sei es, „die Mu-

sik auf ihre wesentliche Aufgabe zu beschränken, der Poesie zum Behufe des Ausdrucks und der Situation des Gedichtes zu dienen, ohne die Handlung zu unterbrechen und durch überflüssige Verzierungen zu erkälten".

Haben denn die Reformbestrebungen auch die Hauptvertreter der „Opera seria" erreicht?

Erstaunlicherweise ist es gerade Hasse, der 1768 noch ein Werk schreibt, mit dem er sich mit einem Schlag die Errungenschaften der „Reformisten" aneignet:
1768 komponiert er „Piramo e Tisbe" auf ein Libretto des Wiener Hofdichters Francesco Coltellini, der auch mit Gluck zusammenarbeitete. Hasse schrieb hier in privatem Auftrag ein so genanntes „Intermezzo tragico", eine neue Gattungsbezeichnung, die das ansonsten ausschließlich mit komischen Inhalten verbundene Genre „Intermezzo" mit einem tragischen Inhalt füllt, bei der am Schluss alle drei Akteure tot sind.
Das Orchester ist im Gegensatz zu einem komischen Intermezzo auch das einer „normalen" Oper mit vollem Bläsersatz. Auch die Ausdehnung auf knapp zwei Stunden weist auf ein völlig eigenständiges Werk hin, das nicht mehr „zwischen" anderen erklang.
Eigenart dieses Werks ist neben der stringenten, aus Ovids Metamorphosen entnommenen Handlung ihre gegenüber seinen „Opere serie" grundlegend modifizierte Kompositionsweise.
Dies betrifft die Arien und Duette, von denen keine einzige mehr dem strengen Da-capo-Schema entspricht:
Wiederholungen des A-Teils sind stets modifiziert (meist durch Dal-Segno-Vorschriften verkürzt oder in veränderter Weise auskomponiert).

Es finden sich zahlreiche direkte Übergänge in Arien ohne Ritornelle oder von Arie in Accompagnato und Secco und umgekehrt.
Ein schönes Beispiel ist das plötzliche Erscheinen eines Löwen während einer „Sinfonia", die abrupt in die abschließende solistische Kadenz einer Arie hineinfährt.
Am auffälligsten jedoch sind die ungewöhnlich langen, aus vielen verschiedenen Segmenten bestehenden Accompagnatoabschnitte, deren kompositorische Ausgestaltung weit über die in solchen Fällen üblichen „Versatzstücke" und bekannten Formeln hinausgeht. Man mag von empfindsamer, gar psychologisierender Musik reden, die vielfältige Affektabstufungen und Stimmungen wiedergibt.
Alle diese Modifikationen von Hasses eigenem Seria-Schema dienen letztlich dem Bestreben, erhöhte Stringenz der Handlung zu erreichen und dramatisches Geschehen durchgehend auch während der Arien spürbar werden zu lassen.
Trotz der für ihn einmaligen und experimentellen Anlage hielt Hasse selbst die Komposition für „eines der besten Werke, die [er] geschrieben habe". (Offenbar fühlte er sich bemüßigt, sich in Wien, der Wirkungsstätte des „Reformopernkomponisten" Gluck neuen Entwicklungen anzuschließen.)

Gab es denn auch „Reformopern" mit deutschem Text?

Ja – und hier ist besonders ein Beispiel zu nennen: Ignaz Holzbauers Oper „Günther von Schwarzburg", die 1777 (im Beisein von Mozart) in Mannheim aufgeführt wurde.
Hier lassen sich ganz ähnliche Beobachtungen anstellen wie in „Piramo e Tisbe " von Hasse: In noch höherem Maße finden wir permanent fließende Übergänge zwischen instrumentalen Ab-

schnitten (Ouvertüre), Secco- und Accompagnato-Rezitativen, Ariosi, Arien und in diesem Falle auch Chören.
„Günther von Schwarzburg“ war der ambitionierte Versuch, eine „deutsche“ „Opera seria“ zu schaffen: mit einem in Frankfurt am Main spielenden, der deutschen Reichsgeschichte entnommenen Inhalt aus dem 14. Jahrhundert und dem deutschsprachigen Text des Jesuitenpaters Anton Klein.
Die formalen Bezüge zur italienischen Oper sind jedoch noch sehr stark.

Apropos deutscher Text: Was hat es denn mit der Gattung des Singspiels auf sich?

In dem Sinne, in dem wir es kennen, nämlich als bürgerliches Gegenstück zur Oper mit Liedern statt Arien und gesprochenen Texten, hat es sich erst um die Mitte des 18. Jahrhunderts etabliert: Namen wie Johann Adam Hiller („Die Jagd“) und Georg Benda („Romeo und Julie“) wären hier zu nennen. Hillers Werk wurde von Zeitgenossen als Musterbeispiel einer perfekten „Komischen Oper“ in deutscher Sprache angesehen, während Benda Shakespeares tragischen Text in einer Version des Librettisten Friedrich Wilhelm Gotter vertont, dem Drama aber ein „Lieto fine“ hinzufügt.
Wir wissen, dass dann Mozart mit seiner „Entführung aus dem Serail“ und seiner „Zauberflöte“ Traditionen des Singspiels aufnahm.
Etwas verwirrend: An der Gänsemarktoper in Hamburg wurden eigentlich auch in der ersten Jahrhunderthälfte alle Opern mit deutschem Text als „Singspiele“ bezeichnet, also auch die Opern Keisers und Telemanns.

Georg Benda: Sein Name taucht in Verbindung mit dem Begriff des Melodrams auf.

Möglicherweise hat er eine Idee des berühmten Jean-Jacques Rousseau weiterentwickelt, der mit seinem „Pygmalion" (1762/70) das erste Melodram komponiert hatte .
Benda schuf, vor allem mit seinen berühmten Melodramen von 1775 „Ariadne" und „Medea", eine neue Gattung, in der gar nicht gesungen, sondern ausschließlich gesprochen wird, während das Orchester quasi in der Art eines permanenten Accompagnatorezitativs Gefühle der Schauspieler in Töne fasst.
Erstaunlicherweise gibt es nur ganz wenige hochdramatische Stellen, an denen wirklich zur Musik gesprochen wird. Die Regel ist ein andauerndes Abwechseln von Musik und Text. Es besteht eine große Ähnlichkeit mit den langen Accompagnatoabschnitten der oben beschriebenen „Reformopern" von Holzbauer und Hasse – allerdings mit dem Unterschied, dass das „in Musik gekleidete Sprechen", also die eigentliche „Erfindung" bei der Geburt der Oper, wieder rückgängig gemacht wird.
Aber, wie wir wissen, war das Melodram nur eine kurze Durchgangsstation in der Geschichte der Oper, die dann vor allem durch die großen Opern Mozarts zu neuen Höhepunkten fortschreiten sollte.

Glossar

Accompagnato	Rezitativ mit Begleitung des Orchesters
Anapäst	Versfuß: kurz-kurz-lang
Appoggiatur	In der Regel nicht notierter Vorhalt von oben oder unten auf betonten Silben der Gesangsstimme
Akt	Großgliederung eines Schauspiels oder einer Oper in zumeist 3 oder 5 Akte
Barock	Musikalische und kunstgeschichtliche Epoche (in der Musik ca. 1600–1730)
Basso Continuo	Siehe *Generalbass*
Belcanto	Wörtlich „Schöngesang“, Gesangskultur vor allem der Kastraten
Bourrée	Frz. Tanz, geradtaktig, periodisch, Auftakt von einer Zählzeit
Colla parte	Instrumentalbegleitung von Vokalstimmen durch Mitspielen der gesungenen Partien, meist zwei Violinen und Violoncello

Commedia dell'arte	improvisiertes „komisches" Straßentheater aus Italien mit typisierten Personen, Szenenfolgen und Kostümen
Coro	Schlussnummer einer Oper (gesungen von den Protagonisten), inhaltlich „die Moral von der Geschicht"
Da-capo-Arie	Auch ABA-Arie: dreiteilige Arienform, mit (in der Regel verzierter) Wiederholung des ersten Teils
Deus ex Machina	„Gott aus dem Bühnenboden" – der Deus ex Machina löst aussichtslos erscheinende Verwicklungen der Handlung durch göttliches Eingreifen „von oben"
Französische Ouvertürensuite	Folge von Orchesterstücken, bei denen einer drei- bis fünfteiligen Ouvertüre mehrere Tanzsätze oder Charakterstücke („Galanteriesätze") folgen
Gavotte	Frz. Tanz, geradtaktig, periodisch, ein halber Takt Auftakt
Generalbass	Bassstimme in barocker Musik, die der gesamten Komposition konzeptionell zu Grunde liegt

	Die Bassstimme kann von Melodieinstrumenten (Gambe, Cello, Fagott etc.) gespielt und von Akkordinstrumenten (Cembalo/Orgel/Lauten) nach Ziffernsymbolen harmonisch ausgesetzt werden.
Gigue	Tanztypus in vielen national zu unterscheidenden Varianten, zumeist am Ende einer Suite, aperiodisch, schnell, häufig in imitierender Schreibweise
Gleichnisarie	Im Text der Arie wird ein bestimmter Affekt durch einen Vergleich, z.B. aus dem Tierreich erklärt
Ground	Ostinates Bassmodell in der englischen Barockmusik
Inégalité	Nicht ausnotierte rhythmische Ungleichheit von zwei Noten (lang-kurz)
Intermezzo comico	„Komisches“ (d.h. lustiges) „Zwischenspiel” (d.h. Kurzoper)
Intermezzo tragico	kurze Oper mit tragischem Inhalt

Jambus	Versfuß: kurz-lang
Lamento	Klagegesang
Libretto	Textbuch als Grundlage einer Oper
Lieto fine	„Happy end"
Masque	Englische Form des Theaters in einer Mischung von Musik, Schauspiel und Ballett
Melodram	Gesprochener Text mit orchestraler Begleitung
Menuett	Tanz, periodisch, 3/4- oder 3/8-Takt
Monodie	Satztechnik mit einer ausdruckstragenden Stimme und Begleitung
Polyphonie	Vielstimmigkeit mit voneinander unabhängig verlaufenden, aber nach bestimmten Regeln erstellten Stimmen
Opera buffa	„Lustige" Oper im Gegensatz zur Opera seria (ernste Oper)
Opéra comique	Französische Spielart der Opera buffa, häufig mit gesprochenen Dialogen

Opera seria	„Ernste“ Oper, zumeist auf Sujets aus der Antike oder Mythologie
Ouvertüre	Instrumentales Eröffnungsstück eines Vokalwerks
Prima donna, Seconda donna	Erste/Zweite Sängerin: weibliche Hauptpartien
Primo uomo, Secondo uomo	Erster/Zweiter Mann: männliche Hauptpartien
Prima pratica	„Erste Praxis“: beschreibt die Vokalpolyphonie der Renaissance nach strengen satztechnischen Regeln
Renaissance	„Wiedergeburt“ – kunstgeschichtliche Epoche, in der die Ideale der griechischen Antike wiederbelebt werden sollen
Rezitativ	Musikalischer Sprechgesang mit Primat des Texts vor der Musik
Ritornello	Orchestraler Abschnitt einer Arie, der mehrfach wiederkehren kann
Secco	Gegensatz zu Accompagnato: Rezitativ mit Begleitung des Basso continuo, nicht des gesamten Orchesters

Seconda pratica	„Zweite Praxis" als Gegensatz zur „Prima pratica": monodische und von den Regeln der Renaissancepolyphonie unabhängigere Setzweise
Sinfonia	Instrumentalstück
Stile concitato	musikalische Darstellung wütender Erregung durch schnell repetierte Noten
Tragédie en Musique	französische Spielart der Opera seria
Tragödie, Komödie, Satyrspiel, Pastorale	Theatralische Gattungen der griechischen Antike

Literatur

Wer sich eingehender mit der Materie befassen möchte, kann sich in einem fast unüberschaubar großen Angebot an Veröffentlichungen informieren.

Dies umfasst gedruckte Veröffentlichungen ebenso wie Internet-Ressourcen.

Ich kann hier nur auf eine kleine Auswahl von nicht allzu wissenschaftlich ausgerichteter Fachliteratur hinweisen.

Im Internet ist ein Zugang zur Materie über Einträge bei *www.wikipedia.de* durchaus hilfreich.

Zu zahlreichen Stichworten gibt es Websites durchaus unterschiedlicher Qualität, die aber immer sehr gut vernetzt sind mit weiteren Stichwort-Einträgen und so schnell zu informativen Texten führen.

Das gilt natürlich auch für die großen Musiklexika wie „Die Musik in Geschichte und Gegenwart“ (MGG) und „New Grove Dictionary of Music and Musicians“.

Der New Grove hat auch noch ein eigenes 4-bändiges Lexikon „The New Grove Dictionary of Opera“ (ed. Stanley Sadie, London 1992) veröffentlicht.

Speziell zum Thema der barocken Oper empfehle ich:
„Handbuch der musikalischen Gattungen“
Band 11: Die Oper im 17. Jahrhundert (Silke Leopold, Laaber 2004)
Band 12: Die Oper im 18. Jahrhundert (hrsg. von Herbert Schneider und Reinhard Wiesend, Laaber 2001)

Auch das
„Neue Handbuch der Musikwissenschaft“
Band 4: Die Musik des 17. Jahrhunderts
(hrsg. von Werner Braun, Laaber 1981)
Band 4: Die Musik des 18. Jahrhunderts
(hrsg. von Carl Dahlhaus, Laaber 1985)
enthält höchst wertvolle Artikel zum Thema Oper.

Der *„Opernführer für Fortgeschrittene“* (Band 1: Von den Anfängen bis zur Französischen Revolution) von Ulrich Schreiber (Kassel 1988) geht über reine Inhaltsangaben der Opern weit hinaus und vermittelt musik- und kulturgeschichtliche Zusammenhänge.

Zu den im vorliegenden Büchlein ausführlicher behandelten Themen hier noch vertiefende Empfehlungen:

„Generalbass”: unter diesem Stichwort ein ganz hervorragender Artikel von Jesper Christensen/J.-A. Bötticher) in der neuen MGG.

Unter dem Titel *„Henry Purcell's Dido and Aeneas“* (Oxford 1989) ist ein sehr gutes Taschenbuch (in englischer Sprache) der Autorin Ellen Harriss im Handel, in dem man auch viel Wissenswerts über englisches Musiktheater allgemein erfahren kann.

Zu Georg Friedrich Händels Opern gibt es das in großem zeitlichem Abstand erschienene zweibändige englischsprachige Standardwerk:
Handel's Operas 1704–1726 von Winton Dean und John Merrill Knapp (Oxford 1987)
Handel's Operas 1726–1741 von Winton Dean (Woodbridge 2006)

Zum Händeljahr 2009 erschien in deutscher Sprache das auch allgemein zum Thema Barockoper höchst lesenswerte Buch *„Händel – Die Opern“* von Silke Leopold (Kassel 2009)

Eine nicht zu unterschätzende Informationsquelle sind die teilweise auf hohem Niveau und von bestens informierten Wissenschaftlern verfassten Booklet-Texte vieler CD-Einspielungen.

Zum Thema „Kastraten" ist ein interessantes Taschenbuch empfehlenswert:
Hubert Ortkemper: *„Engel wider Willen – die Welt der Kastraten"* (München 1995)

Ganz besonders hinweisen möchte ich auf das täglich wachsende Angebot kostenloser Downloads von Noten und theoretischen Werken im Internet.

Zum Thema Generalbass:
http://www.bassus-generalis.org
(Hier sind wichtige Originalquellen erhältlich)

Eine geradezu unglaubliche Fundgrube ist
http://imslp.org
Hier ist nicht nur die gesamte Chrysander-Ausgabe aller Händel-Opern zum kostenlosen Download verfügbar, sondern auch viele andere Werke, teils in Originalquellen oder in nicht mehr dem Copyright unterliegenden Denkmäler-Ausgaben.

Von besonderer Bedeutung ist auch die Seite
„Oper in Italien und Deutschland 1770–1830"
(http://www.opernprojekt.uni-koeln.de/) mit originalen digitalisierten Partituren, die von der Kölner Universität betrieben wird. Die dort abzurufenden Quellen gehören zwar nicht mehr zum Bereich der eigentlichen Barockoper, bereichern aber vor allem unser Bild von der Opera seria und Opera buffa jenseits von Mozart.

Wer sich nicht nur zum Thema Oper im Speziellen informieren will, sondern einen Eindruck von der Mentalität erhalten möchte, aus der diese Gattung überhaupt lebendig gehalten wurde, dem sei das Taschenbuch
„Das große Welttheater – die Epoche der höfischen Feste"
von Richard Alewyn (München 1989) empfohlen.

Zu CD-Einspielungen möchte ich hier keine speziellen Empfehlungen erteilen, aber darauf hinweisen, dass mittlerweile eine riesige Anzahl von barocken Opern auf Tonträgern verfügbar ist, zumeist mit hervorragenden Interpreten der Historischen Interpretationspraxis.

Orts-/Sachregister

Personenregister

Ebenfalls erhältlich

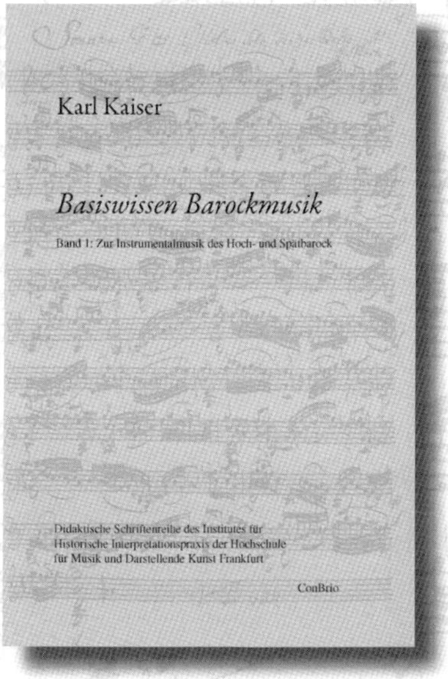

Karl Kaiser

Basiswissen Barockmusik

Band 1: Zur Instrumentalmusik des Hoch- und Spätbarock

Didaktische Schriftenreihe des Institutes für Historische Interpretationspraxis der Hochschule für Musik und Darstellende Kunst Frankfurt

148 Seiten, Paperback
ISBN 978-3-940768-12-4
CB 1212, € 10,-

Gibt es wirklich so etwas wie „Barockmusik"? Warum ist ausgerechnet der „Affekt" ein zentraler Gegenstand der Musik aus der Zeit des Rationalismus? Welche Marktstrategien wendete Telemann an? Was hat Pythagoras mit Musik zu tun? Wie erlernte Bach den neumodischen Concertostil?

Der vorliegende erste Band der Reihe „Basiswissen Barockmusik" gibt Antworten auf Kernfragen zur Instrumentalmusik zwischen 1680 und 1750. Grundlegende Informationen zu einer Ausdruckskunst, die zwar aus einer fernen Zeit stammt, die uns heute emotional jedoch tief berühren kann, werden in überschaubaren Einheiten für lernende, lehrende und ausübende Musiker und Liebhaber dieser Epoche und ihrer Musik dargestellt.

„Der handliche Führer bietet Musikfreunden einen guten Einstieg in die Materie und macht vielleicht sogar Appetit auf zusätzliche Vertiefung."

Rondo